MW01244854

Доска почета как форма символической коммуникации

Геннадий Бакуменко

Доска почета как форма символической коммуникации

философское осмысление культурного феномена

LAP LAMBERT Academic Publishing

Impressum / Выходные данные

Bibliografische Information der Deutschen Nationalbibliothek: Die Deutsche Nationalbibliothek verzeichnet diese Publikation in der Deutschen Nationalbibliografie; detaillierte bibliografische Daten sind im Internet über http://dnb.d-nb.de abrufbar.

Alle in diesem Buch genannten Marken und Produktnamen unterliegen warenzeichen-, marken- oder patentrechtlichem Schutz bzw. sind Warenzeichen oder eingetragene Warenzeichen der jeweiligen Inhaber. Die Wiedergabe von Marken, Produktnamen, Gebrauchsnamen, Handelsnamen, Warenbezeichnungen u.s.w. in diesem Werk berechtigt auch ohne besondere Kennzeichnung nicht zu der Annahme, dass solche Namen im Sinne der Warenzeichen- und Markenschutzgesetzgebung als frei zu betrachten wären und daher von jedermann benutzt werden dürften.

Библиографическая информация, изданная Немецкой Национальной Библиотекой. Немецкая Национальная Библиотека включает данную публикацию в Немецкий Книжный Каталог; с подробными библиографическими данными можно ознакомиться в Интернете по адресу http://dnb.d-nb.de.
Любые названия марок и брендов, упомянутые в этой книге, принадлежат торговой марке, бренду или запатентованы и являются брендами соответствующих правообладателей. Использование названий брендов, названий товаров, торговых марок, описаний товаров, общих имён, и т.д. даже без точного упоминания в этой работе не является основанием того, что данные названия можно считать незарегистрированными под каким-либо брендом и не защищены законом о брендах и их можно использовать всем без ограничений.

Coverbild / Изображение на обложке предоставлено: www.ingimage.com

Verlag / Издатель:
LAP LAMBERT Academic Publishing
ist ein Imprint der / является торговой маркой
OmniScriptum GmbH & Co. KG
Heinrich-Böcking-Str. 6-8, 66121 Saarbrücken, Deutschland / Германия
Email / электронная почта: info@lap-publishing.com

Herstellung: siehe letzte Seite /
Напечатано: см. последнюю страницу
ISBN: 978-3-659-63796-4

Научный редактор:

Т. В. Коваленко, кандидат философских наук, заместитель директора Южного филиала Российского научно-исследовательского института культурного и природного наследия имени Д. С. Лихачева

Рецензенты:

И. И. Горлова, доктор философских наук, профессор, директор Южного филиала Российского научно-исследовательского института культурного и природного наследия имени Д. С. Лихачева, Заслуженный деятель науки Российской Федерации;

А. Д. Похилько, доктор философских наук, профессор кафедры философии, культурологии и социально-гуманитарных наук Армавирской государственной педагогической академии

В монографии на материале анализа многочисленных источников описывается культурный феномен доски почета, имеющий кросс-культурные проявления: ***Hall Of Fame*** (Зал Славы) или ***top*** (верхний, высший) в английском языке, 红板 (Красная доска) или 红榜 (Красный список) в китайском. Изучая доску почета, мы обратили внимание, что она отражает некоторый естественный социокультурный процесс, связанный с самоорганизацией культурной системы, процесс символизации успеха. Анализ этого процесса, как постоянно развивающейся личностной и социальной практики, позволяет предвидеть, прогнозировать и проектировать тенденции социального развития.

Монография адресована широкому кругу читателей, интересующихся фундаментальной и прикладной культурологией, теорией социальной коммуникации, проблемами социализации и инкультурации личности, культурного строительства и управления социокультурными процессами

1

Содержание

Предисловие

Новые медиа, а именно к их разновидности по родо-видовым признакам следует относить авторское понимание доски почета как формы социализации личности в современной культуре, ломают наши привычные представления о структурах и институтах социокультурного процесса. Эти явления, характеризующиеся иными формами коммуникации производителей контента с потребителями изменяют даже социальную повседневность многокультурных сообществ, нивелируя региональные и национальные культурные различия, становятся максимально действенными средствами общественного воздействия, инструментами культурной, социальной, образовательной и всякой другой политики.

В этом контексте исследование Г. В. Бакуменко представляется актуальным не только в теоретическим плане, но и имеет достаточно востребованное сегодня прикладное значение.

Теоретическая и практическая значимость настоящей монографии заключается в новом авторском подходе к анализу артефактов доски почета как форм отражения социокультурного процесса символизации успеха в различных историко-культурных условиях. Г. В. Бакуменко детально описывает предмет исследования и прослеживает основные этапы его формализации в пространстве развивающейся глобальной культурной системы.

Несмотря на отсутствие в работе жестко очерченных рамок концепта «успех», автор утверждает что именно успех ориентирует личность с ее индивидуальностью на активную позицию самореализации в обществе. Ценностная ориентация личности на успех необходима для развития модернизационных социальных процессов. Профессиональный успех является ключевым звеном в осуществлении социальных трансформаций в современных обществах. И, как показывает исследование Г. В. Бакуменко, «успех» и «успешность» приобретают качество эквивалента социального движения.

Эволюция современных социальных отношений связана с системной переориентацией потребительского спроса на успех и успешность, которая формирует новые факторы адекватного функционирования социальных институтов – семьи, церкви, армии, профессиональных сообществ и т. д.

Основной же результат проведенного автором исследования состоит в том, что на основе синтеза достижений философии, антропологии, семиотики и теории социальной коммуникации намечен собственный методологический конструкт исследования явлений культуры в ее эволюционной динамике. Суть же авторского метода раскрывается в выявлении глубинных причинно-следственных связей, ведущих к формализации социокультурных процессов в артефактах глобального культурного пространства. На примере формализации доски почета прослеживаются ключевые аспекты генезиса процесса символизации успеха, приобретающего в современном информационном обществе не раскрытые пока еще до конца специфические свойства и функции регулятора социальных отношений. В небольшой по объему книге автору удалось обнаружить и описать взаимосвязь процессов, связанных с саморегуляцией культурной системы, с проблемами личностного развития и личностной самоидентификации.

Настоящая монография – результат многолетних творческих поисков автора. В процессе ее написания им аккумулировано значительное количество классических и современных исследований по философии, антропологии, социологии, культурологии, психологии, педагогике. В результате синтеза различных по своему происхождению и значению в истории науки идей, Г. В. Бакуменко сформирована целостная концепция социализации личности в современной медиасреде, органично встроенная в текущую повседневность и содержащая в себе гуманистический и педагогический потенциал.

Очевидно, что достоверность полученных автором результатов обусловлена логичностью построения работы, фундаментальной теоретической базой, сформированной с учётом общепризнанных идей отечественных и зарубежных учёных, охватом большого эмпирического материала.

Как и любой новый взгляд на старые и всем известные обстоятельства, авторское видение доски почета как формы социальной коммуникации наверное вызовет ряд вопросов и возможно даже станет началом плодотворной научной дискуссии, ведущей к поиску истины. Но именно это в конечном счете является и смыслом и целью науки. Несомненно, Г. В. Бакуменко удалось описать путь логического проникновения в специфику исторической ментальности путем семиотического анализа символики успеха минувших эпох и обнаружить взаимосвязь современных информационных технологий в пространстве Интернета с закономерностями саморегуляции культурных систем.

Убежден, что на методологическом перепутье современности автор нашел свою дорогу в гуманитарной науке и уверенно движется по этому пути. И в этой связи, хочется пожелать ему дальнейшего результативного поиска и новых открытий.

Т. В. Коваленко,

кандидат философских наук, заместитель директора Южного филиала Российского научно-исследовательского института культурного и природного наследия имени Д. С. Лихачева

And the world's gonna know your name

Cause you burn with the brightest flame

And the world's gonna know your name

And you'll be on the walls of the hall of fame

[The Script «Hall Of Fame» 2012][1]

Введение

Актуальность исследования генезиса общекультурной универсалии, порождающей в различные исторические эпохи, у разных народов мотивирующие социальную активность мультимедийные артефакты по типу формы общественного морального поощрения в виде доски почета, обусловлена научной и практической необходимостью философского и культурологического осмысления роли рассматриваемой универсалии, как в национальном, так и в глобальном пространстве культуры.

Многочисленные аналоги доски почета пронизывают современную массовую культуру в интегрированном евразийском культурном пространстве: в английском языке: *Hall Of Fame* – Зал Славы или кратко *top* – верхний, высший; китайский: 红板 – Красная доска, или 红榜 – Красный список, в СССР *доска почета* как форма морального поощрения трудящихся была закреплена в трудовом законодательстве. Многочисленные артефакты художественной культуры, массмедиа и Интернета, некоторые формы организации социальных отношений свидетельствуют о том, что мы имеем дело с активно развивающейся культурной формой, имеющей многовековой семиозис, раскрывающей культуру как сложную интегрированную глобальную систему и требующей глубокого осмысления.

Появление и развитие виртуальных форм культуры – новый этап в

---

[1] The Script. Hall Of Fame // Music video by The Script feat. will.i.am performing Hall of Fame. 2012 Sony Music Entertainment UK Limited [Электронный ресурс] URL: Http://www.youtube.com/watch?v=mk48xRzuNvA (дата обращения 14.02.2014); Перевод песен Script // Лингво-лаборатория Амальгама, 2005-2014 [Электронный ресурс] URL: Http://amalgamation-lab.com/songs/s/script/hall_of_fame.html (дата обращения 14.02.2014).

7

эволюции различных её элементов. Проблема научного подхода к развитию виртуальных форм культуры тесно связана с развитием инструментов проектирования и прогнозирования культуры, инструментария управления культурными процессами и, в конечном итоге, с развитием интерактивных форм социального управления.

В орбите нашего внимания доска почета как некоторая форма культуры, имеющая на сегодняшний день и виртуальные аналоги.

Обращение к истории культуры позволяет сконцентрировать внимание на положительном опыте использования различных элементов культуры в области социального регулирования и управления при виртуализации (специфической трансформации) рассматриваемых элементов.

Таким образом, изучение доски почета как культурной формы представляется достаточно актуальной исследовательской проблемой, имеющей как фундаментально теоретическую, так и прикладную значимость.

Степень научной разработанности проблематики в настоящее время не может быть признана исчерпывающей.

Оценивая в общих чертах ситуацию, можно констатировать разработанность теоретической базы исследования в области теории и философии культуры, в социологии, в теории коммуникации и наличие обширного эмпирического материала истории культуры и искусств, истории повседневности, этнографии и антропологии. Однако предмет нашего исследования, в некоторой степени, обойден стороной. Доска почета как артефакт советской культуры в большей степени нашла отражение в художественной культуре и в средствах массовой информации, а в научных исследованиях упоминается вскользь, не получая достаточного определения и оценки социокультурной роли. Так, в области исследования истории и культуры трудовых отношений, доска почета упоминается В. С. Порохня, И. М. Матасовой, Е. М. Глуховой, В. В. Веревкиным, А. В. Аккуриным, А. М. Данилиным, Е. С. Лебединцевой, И. В. Павловым, Р. А. Шишкановым,

И. В. Строгановой, Л. Н. Полянским, И. А. Ягудаевой, Е. С. Сарасенко и др., в области лингвистики и языкознания – Е. М. Перцевым, М. В. Пименовой, Е. В. Русиной, Т. В. Вяничевой, А. В. Прокофьевой, Л. Х. Самситовой, А. С. Алисултановым и др., в истории Коммунистической партии СССР и ее региональных и местных отделений, а так же в отрасли партийного строительства современной России – П. А. Дигтярь, К. Зиятовым, И. И. Зубовым, В. А. Владимировым, М. В. Даниловым, А. М. Акимовой, В. С. Порохоня. Обращает на себя внимание упоминание доски почета в исследованиях Нгуена Ван Чунга «Социалистическая индустриализация и особенности ее осуществления в Социалистической Республике Вьетнам»[2] и Ченя Кайкэ «Конфуцианство и «культура предприятия» в современной Восточной Азии»[3], раскрывающее межкультурный аспект развития интересующего нас предмета. Вскользь упоминается доска почета в исследованиях в областях социального управления, психиатрии, истории художественной культуры, журналистики, экономики и управления народным хозяйством, политологии, международного и национального права.

Касаясь нового для отечественной науки предмета исследования, в своей работе мы ориентируемся на широкий спектр научной литературы различных отраслей знания.

Толчком к определению предмета исследования послужила статья в «Live Journal» Натальи Воронцовой-Юрьевой «СССР. Доска почета»[4], в которой автор определяет доску почета как артефакт советской культуры XX века. Как элемент системы морального поощрения трудящихся послевоенной Москвы упоминает доску почета Г. В. Андреевский[5]. В книге о культуре Китая

---

[2] Нгуен Ван Чунг. Социалистическая индустриализация и особенности ее осуществления в Социалистической Республике Вьетнам: дис. канд. экон. наук / Нгуен Ван Чунг. – М: 1984. – 144 с.

[3] Чень Кайкэ. Конфуцианство и «культура предприятия» в современной Восточной Азии: дис. канд. ист. наук / Чень Кайкэ. – М: 2002. – 237 с.

[4] Воронцова-Юрьева Н. СССР. Доска почета // Live Journal [Электронный ресурс]. – URL: http://vorontsova-nvu.livejournal.com/421757.html (дата обращения: 16.11.2013).

[5] Андреевский Г.В. Повседневная жизнь Москвы в сталинскую эпоху. 1930-1940 годы // Библиотека Гуммер: история [Электронный ресурс]. – URL:

В. Г. Бурова мы встречает упоминание о роли доски почета в китайской культуре[6]. Особняком стоит психотерапевтический конструкт доски почета М. Р. Гинзбург[7].

Основополагающее значение в выборе исследовательского подхода имеют философские идеи и культурологические концепции отечественных и зарубежных ученых: А. Ф. Лосева, М. М. Бахтина, Ю. М. Лотмана, Й. Хейзинги, М. Хайдеггера, Г.-Г. Гадамера. Кроме того, необходимо выделить фундаментальные исследования в области теории и философии культуры, истории культуры повседневности, философии и культуры личности Р. Г. Абдуллаевой, С. С. Аверинцева, Ц. Авитала, Д. Л. Аграна, Р. Арнхейма, Ж. Бодрийяра, Л. П. Буевой, П. Валери, Г. Вельфлина, Г. А. Голицина, И. И. Горловой, С. Н. Иконниковой, Н. Б. Кириловой, М. В. Лукова, Л. М. Мосоловой, В. М. Петрова, Г. А. Поличко, А. Д. Похилько, Т. Ю. Скопинцевой, В. Г. Торосяна, Л. А. Уайта, Ю. У. Фохта-Бабушкина.

Проблемы, затронутые в исследовании, потребовали обращения к работам ведущих отечественных и зарубежных специалистов в области истории (Ф. Бродель, В. В. Дементьева, А. Оппенхейм, В. О. Ключевский, А. Я. Гуревич, Г. С. Кнаббе, И. А. Ладынин А. М. Лидов, Л. С. Васильев, Е. А. Князев, И. Е. Забелин, Г. В. Андреевский, В. В. Седов), социологии и антропологии (М. Вебер, Э. Дюркгейм, П. А. Сорокин, К. Леви-Стросс, Е. М. Бабосов, Ю. Г. Волков, Л. Н. Васильева, О. Н. Вершинская, В. И. Добреньков, В. Н. Нечипуренко, А. Н. Кочетов, А. В. Попов), психологии (К. Ясперс, К. Юнг, З. Фрейд, В. Франкл, В. С. Выготский, В. М. Бехтерев, Д. В. Ольшанский, П. Я. Гальперин, Р. С. Немов, М. Р. Гинзбург), педагогики (Я. Коменский, А. С. Макаренко, Б. Бим-Бад, И. В. Дубровина,

http://www.gumer.info/bibliotek_Buks/History/andr_povsg/08.php (дата обращения: 16.11.2013).

[6] Буров, В Г. Китай и китайцы глазами российского ученого [Текст] / В Г Буров. – М, ИФ РАН, 2000. – 206 с., С.56; он же Красный – значит счастливый // Китайские секреты [Электронный ресурс] URL: http://chinasecrets.ru/everyday/lifestyle/5-redmeansblessed (дата обращения 12.02.2014).

[7] Гинзбург, М Р. Доска почета: гипнотерапевтическая техника для укрепления чувства собственной ценности [Текст] // Консультативная психология и психотерапия. – М, 2002. – №3. – С. 154-158.

А. М. Прихожан, В. В. Зацепин, А. И. Трофимова).

Неоценимый материал накоплен в области истории и социологии искусства (К. Вёрман, Я. Букхард, О. Ф. Вальдгауер, Н. Н. Бритова, Н. М. Лосева, Н. А. Сидорова, Г. И. Соколов, Б. Р. Виппер, Е. Я. Басин, М. Андронникова, А. Г. Габричевский, А. А. Сидоров, В. Н. Гращенков, Н. А. Гангур, Л. С. Зингер, В. Н. Стасевич, В. М. Фриче, А. Я.Тухенгольд и др.) и истории фотографии (К. Бажак, Н. Д. Панфилов, А. А. Фомин, М. С. Наппельбаум, А. Китаев, Ю. Веселов, Е. А. Иоффе и др.).

Особое место занимает проблематика медиакультуры и медиаобразования в работах отечественных ученых: А. А. Андреева, Н. В. Апатовой, Н. В. Арнольда, С. И. Архангельского, А. Афанасьевой, Л. М. Баженовой, О. А. Баранова, Т. М. Бармашовой, О. И. Барменковой, Ф. В. Бевза, О. М. Боброва, Л. Бермана, И. Халтурина, А. Я. Бернштейна, В. И. Беспалова, Ю. И. Божкова, Е. А. Бондаренко, И. В. Вайсфельда, В. В. Василовского, В. В. Васильева, К. О. Вейхельта, Р. Д. Кейлиной, Б. Н. Кандырина, В. А. Возчикова, А. Н. Гавриченкова, А. Гаитова, В. Н. Ганичева, А. М. Гельмонта, И. И. Гольдберг, Э. Н. Горюхиной, И. Н. Гращенковой, Е. С. Громова, С. Гудилиной, Р. Я. Гузман, В. В. Гура, А. П. Данилова, А. А. Кирилловой, А. Я. Дмитриева, Н. М. Долдуноваой, Г. Я. Дорфа, В. В. Егорова, А. А. Журина, Л. С. Зазнобиной, Я. Н. Засурского, Е. Л. Вартановой, И. И. Засурского, А. В. Раскина, Е. А. Захаровой, Л. А. Ивановой, С. М. Ивановой, Л. М. Кирилловой, И. А. Киселева, М. М.Полонского, В. Г.Козлова, А. Ф. Амирова, Е. А. Кривошеева, А. П. Короченского, Л. С. Кругликовой, В. М. Кузнецова, Г. В. Кузнецова, И. С. Левшиной, Н. А. Леготиной, З. С. Малобицкой, О. Ф. Нечай, А. А. Новиковой, С. М. Одинцовой, С. Н. Пензина, В. И. Писаренко, Н. Ф. Познанского, Г. А. Поличко, И. А. Полуэхтовой, Е. Е. Пронина, Ю. М. Рабиновича, Н. П. Рыжих, О. Р. Самарцева, А. П. Свободина, Г. К. Селевко, Г. И. Харченко, Н. Ф. Хилько, С. Б. Цимбаленко, и др.

Немаловажное место в определении социокультурного значения предмета исследования занимает разработанность теории коммуникации в трудах Д. П. Гавра, Г. Г. Почепцова, Л. М. Земляновой, М. А. Василика, А. Д. Кривоносова, О. А. Филатовой, М. А. Шишкиной, А. Н. Кочетова, А. В. Соколова, И. П. Яковлева, Р. Барта, Ж. Бодрийяра, М. Бубера, П. Бурдье, Т . А. Ван Дейка, М. С. Вершинина, М. Кастельса, В. П. Конецкой и др., а так же проблематики, связанной с развитием информационно-коммуникационных технологий в социальной философии (Е. В. Поликарпова, Э. М. Андреев, Дж. Ваттимо, Б. Киви, Г. И. Колесникова, Е. С. Коноплев, И. А. Мальковская, Б. В. Марков, М. Р. Радовель, С. П. Расторгуев, Э. Тоффлер, У. Эко и др.), в педагогике и психологии (И. А. Буяковская, А. А. Маркина, П. В. Степанков, Н. Ю. Александорова, О. И. Сатирова, А. А. Статуев, Е. И. Боброва, С. Н. Исакова, А. В. Гребенщикова, Н. А. Ершова, Е. В. Захарова, Н. А. Гончарова, И. В. Усков, Л. Б. Иванова, А. К. Гараева, М. Г. Евдокимова, Л. В. Третьякова и др.).

Большой объем исследований включается в разработку вследствие отсутствия в отечественной литературе отдельных фундаментальных исследований рассматриваемого нами предмета.

Анализ изученных источников и литературы позволил сформировать авторскую позицию, определить основные подходы к изучению заявленной проблемы, сформировать теоретическое и эмпирическое поле исследования и исследовательский инструментарий.

Объектом исследования выступает история культуры в аспекте процесса формирования и развития доски почета как особой культурной формы, в том числе и современная глобальная медиасреда русскоязычного информационного и социокультурного пространства Интернета Рунета.

Предметом исследования является доска почета как форма отражения процесса символизации успеха.

Изучение обозначенного предмета имеет **целью** культурологическое обоснование использования доски почета как формы культуры в практике проектирования современных социокультурных процессов и управления ими.

В этой связи мы ставим в настоящей работе следующие **задачи**:

1. Изучить основные концепты теории культуры, философии культуры, философии личности, социологии, теории информации, теории коммуникации, а так же проблематику медиакультуры и медиапедагогики.

2. Обосновать и дать определение доске почета как феномену культуры, как специфической форме коммуникации.

3. Рассмотреть коммуникационный потенциал доски почета как знаковой системы.

4. Рассмотреть эволюцию доски почета в аспекте социализации личности.

5. Рассмотреть практики виртуализации доски почета в современной медиасреде Интернета.

Основными источниками в нашей работе послужили: нормативно-правовая база предмета исследования, как в исторической ретроспективе, так и современная; упоминания доски почета в диссертационных работах В. С. Порохня, И. М. Матасовой, Е. М. Глуховой, В. В. Веревкина, А. В. Акчурина, А. М. Данилина, Е. С. Лебединцевой, И. В. Павлова, Р. А. Шишканова, И. В. Строгановой, Л. Н. Полянского, И. А. Ягудаевой, Е. С. Сарасенко, Е. М. Перцева, М. В. Пименовой, Е. В. Русиной, Т. В. Вяничевой, А. В. Прокофьевой, Л. Х. Самситовой, А. С. Алисултанова, Е. Мароевич, П. А. Дигтярь, К. Зиятова, И. И. Зубова, В. А. Владимирова, М. В. Данилова, А. М. Акимовой, Нгуена Ван Чунга, Ченя Кайкэ, в монографии Г. Андреевского «Повседневная жизнь Москвы в сталинскую эпоху. 1930-1940 годы», в книге В. Г. Бурова «Китай и китайцы глазами российского ученого»; статья Н. Воронцовой-Юрьевой «СССР. Доска почета»; эмпирический материал из области истории культуры, нашедший отражение в периодической печати, в художественной культуре, в информационном пространстве Рунета.

Теоретико-методологическая база сложилась в результате философского осмысления фундаментальных научных концепций: теории информации (Н. Винер, К. Шенон, А. Н. Колмогоров), социологических моделей информационного общества (Ю. Хаяши, Й. Масуда, Д. Белл, П. Дракер, М. Постер, М. Кастельс, Т. Стоуньер, Элвин и Хейди Тоффлер, Ф. Фукуяма, Ф. Хайек), теории коммуникации (Д. П. Гавр, Г. Г. Почепцов, А. Н. Кочетов, А. В. Соколов, Р. Барт, Ж. Бодрийяр, М. Бубер), системно-информационного подхода к явлениям культуры (Г. А. Голицын, С. Ю. Маслов, В. М. Петров, Т. В. Коваленко), семиотических концепций культуры Г. Гадамера, У. Эко, Ю. М. Лотмана, а так же социальной философии Е. В. Поликарповой и педагогической философии личности А. Д. Похилько.

Общая схема исследования строится на осмыслении наблюдаемых в истории культуры и в современной медиакультуре явлений в причинно-следственных связях, отражающих закономерности эволюции культуры как глобального пространства ненаследственной информации. В основе наших представлений лежит понятие формы культуры Г. Зиммеля, его концепт процесса культивации (эволюции) культурных форм как отражения закономерного прогресса системы культуры.

Основным методом исследования является философско-феноменологический. Раскрытие содержания исследования предполагает философский, культурологический, историко-культурный, историко-текстовый и проблемно-хронологический анализ. Работа с источниками потребовала использования тематической, генеральной, цепной и перекрестной выборки. Понимание отличительных черт исследуемой формы культуры требует сравнительно-исторического метода, метода структурно-генетического анализа и синтеза, логического, аналитического и семиотического методов. Раскрытие содержания источников различного дисциплинарного профиля диктует применение общенаучных методов обобщения и систематизации сведений, традиционного метода диалектического анализа и специфического интерпретативно-герменевтического культурологического метода.

Научная новизна раскрывается в обращении к предмету исследования в аспекте, не раскрытом прежде в научных работах. Нами впервые формулируется определение доски почета как формы культуры, как формы визуализации и публикации общественного признания социальной группой заслуг отдельной личности (отдельного культурного артефакта) перед данной группой и (или) перед более широкой общественностью в ряду с ограниченным кругом лиц (ограниченным кругом артефактов). Доска почета нами понимается как абстрактная форма, позволяющая выявить закономерность появления и развития ряда культурных артефактов, общую их природу, и социокультурное значение. В результате исследования мы можем сформулировать ряд положений:

1.   Доска почета является формой социальной коммуникации, эволюционно развивающейся в процессе совершенствования коммуникационных технологий.

2.   Доска почета может представлять собой средство трансляции социокультурного опыта.

3.   Доска почета может использоваться как механизм стимулирования и управления в сфере социальных отношений, в том числе в производстве, в переработке и в использовании товаров массового потребления, информации и ценностных ориентаций личности.

4.   Доска почета может представлять собой средство социализации и инкультурации личности.

5.   В свете интенсивного развития телекоммуникационных технологий, доска почета может быть использована в качестве рычага управление социокультурными процессами.

Теоретическое и научно-практическое значение результатов исследования заключается в том, что оно существенно углубляет представление об эволюции культурных форм как элементов глобального культурного пространства, открывает дополнительные возможности научно обоснованного регулирования локальных и глобальных социокультурных процессов, в том числе развития культуры личностной самореализации, социализации и инкультурации индивида.

Основные положения и некоторые наблюдения, сделанные с новых позиций в нашей работе, можно использовать в дальнейших фундаментальных и прикладных исследованиях.

Структура работы подчинена логике изложения результатов научного поиска в соответствии с поставленными целью и задачами. Работа состоит из введения, четырех разделов, заключения и списка использованных источников и литературы. В каждом разделе освещены отдельные аспекты изучения культурной формы доски почета и содержатся текущие выводы.

В заключении аккумулированы выводы проведенного исследования, позволяющие утверждать, что доска почета как форма культуры продолжает эволюционировать в современной культуре и требует более тщательного детального изучения.

Автор намерено отошел от распространенной академической двух главной структуры в пользу последовательного изложения мысли в виду небольшого объема работы.

Раздел 1. Доска почета в пространстве повседневной культуры

Доска почета известна как своеобразная форма общественного и административного морального поощрения отдельных граждан, принятый и широко известный прием воспитательной и идеологической работы с широкими массами социально активного населения в Китае, в СССР, в КНДР и в странах Центральной и Восточной Европы во второй половине XX века.

Наталья Воронцова-Юрьева на страницах «Live Journal»[8] представляет доску почета в качестве артефакта советской культуры. Однако внимательное изучение истории доски почета позволяет нам утверждать, что её историко-культурные основания, по существу причины её появления и развития, уходят вглубь веков, по меньшей мере, на шесть тысяч лет, а наиболее яркий ранний прототип предмета нашего внимания принадлежит культуре Древнего Рима 509-27 гг. до НЭ[9]. Кроме того есть основания полагать, что китайцы считают доску почета (Красную доску) собственным национальным изобретением[10].

Попытаемся описать этот предмет и дать ему определение.

По статье Большой Советской Энциклопедии [разрядка автора]: «Доска почёта – одна из форм морального поощрения трудящихся в СССР. Доска почета предусмотрена типовыми Правилами внутреннего трудового распорядка 1957 года, а также уставами о дисциплине работников отдельных отраслей народного хозяйства. На Доску почёта заносятся имена работников, отличившихся в социалистическом соревновании, выдающихся рационализаторов и новаторов производства, помещаются их фотографии и краткое описание трудовых успехов. Доски почёта учреждены на предприятиях (в том числе в цехах), в колхозах, районах, областях, краях, республиках. Решение о занесении на Доску почёта принимается фабричными, заводскими

---

[8] Воронцова-Юрьева Н. СССР. Доска почета // Live Journal [Электронный ресурс]. – URL: http://vorontsova-nvu.livejournal.com/421757.html (дата обращения: 16.11.2013).

[9] Ильина Т.В. История искусств. Западноевропейское искусство. М.: Высш. Шк., 2000. 368 с.; Римский скульптурный портрет / Википедия: свободная энциклопедия [Электронный ресурс]. URL: Http://Wikipedia/wiki/Риский_портрет (дата обращения: 10.12.2013)

[10] Snow, E. Red Star Over China / E Snow, – Read Books: 1937. – 464 p.

или местными (цеховыми) комитетами совместно с администрацией, а на Доску почёта района, области, края, республики — совместно с соответственными государственными, хозяйственными и профсоюзными органами»[11].

В период социалистического строительства в СССР (1930-е – 1940-е гг.) развитие системы досок почета было тесно связано с явлением социалистического соревнования в сельскохозяйственном и промышленном производстве. Так до официальной государственной формализации (1957г.) возникали, существовали и использовались общественные доски почета, фиксировавшие победы отдельных трудящихся в области социалистического соревнования: от перечня фамилий передовиков производства текущего дня, написанных мелом на заборе, до публикаций фотографий передовиков в местной и центральной прессе или размещения их портретов в публичных местах.

Несмотря на то, что участие (следовательно, и победы) в социалистическом соревновании позиционировались коммунистическими идеологами в качестве идейной сознательности трудящихся, кроме моральной общественной поддержки использовались и формы материального стимулирования передовиков (оплата труда от выработки, премии, льготы и др. формы распределения материальных благ).

К примеру: «Стахановское движение способствовало росту материального благосостояния самих рабочих. Так, например, в Караганде стахановское движение оказало серьезнейшее влияние и на уровень заработной платы. Если среднюю месячную заработную плату карагандинских шахтеров в 1931 году принять за 100%, то в 1934 году она составила 212%, в 1935 году — 288%, и в 1937 году — 374 %»[12].

Правила внутреннего трудового распорядка (ПВТР), регламентировавшие

---

[11] Доска почета / Библиотека DJVU, 2013 – БСЭ. [Электронный ресурс]. – URL: http://bse.sci-lib.com/article032557.html (дата обращения: 10.12.2013.).

[12] Стахановское движение // Википедия: свободная энциклопедия [Электронный ресурс]. – URL: http://ru.wikipedia.org/wiki/ (дата обращения: 12.10.2013.).

использование доски почета на предприятиях, изменялись в СССР 1957, 1972, 1984 гг. Государственным комитетом Совета Министров СССР по вопросам труда и заработной платы по согласованию с ВЦСПС[13].

О том, как доска почета возрождается в послевоенное время в Москве (1947г.) в качестве элемента системы морального стимулирования трудящихся, упоминает Г. Андреевский[14].

Как отмечает Г. Андреевский, в послевоенное время в Москве активно внедряется отдельная система морального стимулирования трудящихся.

«Чтобы как-то еще стимулировать труд работников прилавка и общественного питания, в том же году (1947) руководство разработало систему их морального поощрения. Были учреждены звания «Лучшего продавца», «Лучшего повара», «Лучшего буфетчика», «Лучшей посудомойки», «Лучшей уборщицы», «Лучшей свинарки». «Лучшие» должны были не только хорошо работать, содержать в чистоте свое рабочее место, быть вежливыми и культурными, а также соблюдать правила личной гигиены. Кроме того, «Лучший повар», например, должен был проявлять изобретательность «в наилучшем приготовлении блюд из новых видов сырья (дикорастущих растений, белковых дрожжей) и в снижении норм отходов», а «Лучшая посудомойка» должна была вносить «рационализаторские предложения по улучшению работы предприятия».

Портрет того, кто три месяца подряд считался «лучшим», вывешивался на Доску почета. Тот, кто ходил в «лучших» полгода, получал Почетную грамоту, и фамилия его заносилась в Книгу почета. Ну а тот, кто становился «Отличником социалистического соревнования», получал специальный значок.

А что «давало» работнику признание его «лучшим», «победителем» или «отличником»? Помимо морального удовлетворения, почета и уважения, от

---

[13] Правила внутреннего трудового распорядка / БСЭ // Яндекс.Словари [Электронный ресурс]. – URL: http://slovari.yandex.ru/ (дата обращения: 10.12.2013.).

[14] Андреевский Г.В. Повседневная жизнь Москвы в сталинскую эпоху. 1930-1940 годы // Библиотека Гуммер: история [Электронный ресурс]. – URL: http://www.gumer.info/bibliotek_Buks/History/andr_povsg/08.php (дата обращения: 16.11.2013).

которых с таким презрением всегда отмахиваются лодыри и разгильдяи, такое признание должно было учитываться при распределении жилой площади, путевок в санатории и дома отдыха, а также при поступлении детей «отличников» в учебные заведения Министерства торговли. Учитывая же, что на улучшение жилищных условий мало кто тогда рассчитывал, как и на путевки в санатории, а о поступлении детей в торговую школу и не думал, то главным стимулом в работе по-прежнему оставалась зарплата»[15].

Обращает на себя внимание тот факт, что доска почета как форма морального поощрения трудящихся была вплетена в сложную систему моральных наград, имевших собственную многоуровневую градацию. Андреевский упоминает формы морального поощрения несколько иронично, приводя примеры похожие на обман трудящихся: когда материальное вознаграждение за труд не гарантировало прироста материальных благ трудящимся, им предлагались формы морального вознаграждения и материальные блага в виде подарков за личностный и профессиональный рост.

Однако не следует забывать, что любые общественные награды (в том числе грамоты, вымпелы, благодарственные письма, а тем более размещение портрета на доске почета) осуществлялись публично. Награжденный являлся примером и личностным ориентиром для каждого члена коллектива. То есть моральные поощрения опирались на общественное признание заслуг награжденного, что в большей степени стимулировало общественную активность в необходимом руководству направлении.

По окончании Второй мировой войны СССР экспортировал собственный опыт партийно-хозяйственного и государственного управления в страны Центральной и Восточной Европы[16].

Мы можем предполагать, что экспортировалась также идея и структура социалистического соревнования, в рамках которой получила развитие доска

[15] Андреевский Г.В. Там же.

[16] Леоненко, П М. Экономическая история: учеб. / П М Леоненко, П И Юхименко. – М: Знания-Пресс, 2004. – 499 с; с 327.

почета советского типа.

В этот исторический промежуток (50-80 гг. XX в.) доска почета, как правило, представляет собой прикрепленный к стене или отдельно стоящий прямоугольный щит или стенд с именами и (или) портретами ограниченного числа лиц, заслуги которых признаны достойными общественного поощрения.

Место расположения доски почета в помещении или под открытым небом обусловлено визуальной её доступностью для наибольшего числа людей.

Наиболее распространенные оформительские цвета доски почета: красный, желтый, голубой, белый, оттенки голубого, красного, желтого, золотого, зеленого. В Китае и в советский период в России преобладает красный цвет, символизирующий цвета государственных флагов КНР и СССР, и имеющий глубокие историко-культурные символические связи с категориями правильного, прекрасного, богатого, свободного, праздничного[17].

В СССР доска почета использовалась в Советской армии, в учреждениях культуры и образования, на предприятиях и в организациях, не зависимо от структуры и ведомственной принадлежности. Известны так же, и до сих пор применяются, муниципальные доски почета (поселковые, городские, районные и пр.), имеющие кроме общественного статуса и статус признания официальной властью некоторых заслуг отдельных граждан, при их декорировании приняты элементы государственной и муниципальной символики (цвета, флаги, гербы).

В настоящее время в России принятие на предприятиях Правил внутреннего трудового распорядка определяется статьями 189, 190 ТК РФ[18]. Однако, в отличие от трудового законодательства СССР, из ТК РФ, согласно европейской правовой практике, исключены нормы морального

---

[17] Красный – Толковый словарь Даля – Яндекс. Словари: электронный ресурс. 2001-2013. URL: Http://slovari.yandex.ru/~книги/Толковый словарь Даля/КРАСНЫЙ/ (дата обращения 10.12.2013); КРАСНЫЙ – Толковый словарь Ушакова – Словари – Словопедия: электронный ресурс. 2007-2013 URL: http://www.slovopedia.com/3/202/795322.html (дата обращения 10.12.2013); Любимый цвет китайцев красный и желтый / Китай и китайцы // Мудрость Китая [Электронный ресурс]. – URL: http://kitaia.ru/kitay-i-kitaycy/ljubimyi-cvet-kitaycev (дата обращения 10.10.2013.).

[18] Общие положения – Трудовой кодекс РФ (ТК РФ) от 30.12.2001 №197-ФЗ // Консультант Плюс [Электронный ресурс]. – URL: http://www.consultant.ru/popular/tkrf/14_38.html (дата обращения: 12.12.2013.).

стимулирования трудящихся. Т. е. доски почета на предприятиях и организациях отданы на откуп руководства этих учреждений и трудовым коллективам.

В современной России во многих организациях традиционно используются общественные доски почета, как регламентированные служебными правилами, приказами и распоряжениями, так и не регламентированные какими-либо правовыми актами (управление происходит на основе устных распоряжений уполномоченных лиц). По форме организации можно выделить государственные, общественные, ведомственные и корпоративные доски почета. С развитием Интернета появляются многочисленные электронные аналоги досок почета, рассчитанные как на небольшую, узкую общественную аудиторию (например, коллектив отдельного учреждения), так и на неограниченно широкую.

Муниципальные доски почета организуются в городах и в районных сельских центрах современной России с опорой на Федеральный закон «Об общих принципах организации местного самоуправления в Российской Федерации» (Закон о МСУ) № 131-ФЗ, от 06.10.2003г. в действующей редакции от 22.10.2013г[19] по решению муниципального руководства или местных советов[20].

Сегодня в Рунете можно встретить множество примеров электронной

---

[19] Федеральный закон: Об общих принципах организации местного самоуправления в Российской Федерации (Закон о МСУ) № 131-ФЗ, от 06.10.2003 // Консультант Плюс [Электронный ресурс]. – URL: http://www.consultant.ru/popular/selfgovernment/ (дата обращения: 12.12.2013.).

[20] Глава Великоустюгского муниципального района: Постановление от 7.02.2011 г №7 Об утверждении положения о Доске почета // Региональное законодательство [Электронный ресурс]. – URL: http://www.regionz.ru/index.php?ds=1137264 (дата обращения: 10.12.2013.); Доска почета Одинцовского района // Электронная Одинцовская Энциклопедия [Электронный ресурс]. – URL: http://www.book.odin-fakt.ru/fakt/142/ (дата обращения: 12.12.2013.).

доски почета: муниципальной[21], частной[22], ведомственной и корпоративной[23], общественной[24], школьной[25].

Мы можем наблюдать на примере электронных и муниципальных досок почета адаптацию артефакта советской культуры к меняющимся культурным условиям новой России.

Кроме того, в Китае и по нынешний день доска почета имеет массовое распространение в различных учреждениях: «В аэропорту мне попалась китайская Доска Почета, вообще Доски Почета у них имеются везде, но все как-то было недосуг фотографировать, а тут попался прекрасный экземпляр, к

[21] МБУ Городской информационный центр // Официальный сайт администрации Волгограда. Доска почета [Электронный ресурс] URL: http://www.volgadmin.ru/ru/MPCity/Heroes/Default.aspx (дата обращения 05.01.14).

[22] Науменко Виталий // Доска почета [Электронный ресурс]. – URL: http://egorlik100.narod.ru/doska.html (дата обращения: 11.12.2013.). Науменко Виталий // Доска почета [Электронный ресурс]. – URL: http://egorlik100.narod.ru/doska.html (дата обращения: 11.12.2013.).

[23]Электронная доска почета Министерства социальной защиты населения Удмуртской Республики // Министерство социальной защиты населения УР официальный сайт 2011-2013 [Электронный ресурс]. – URL: http://minsoc.udmurt.ru/board/ (дата обращения: 20.09.2013.); ФГУП Почта России // Коллектив. Лучшие сотрудники Почты России. Доска почета [Электронный ресурс]. – URL: http://www.russianpost.ru/rp/collective/ru/home/sotrudniki/desk (дата обращения: 09.12.2013.).

[24]Интерстронг / Доска почета учителей России [Электронный ресурс] URL: http://xn--80aakfxxchpp7c.xn--e1afbansnjaej2cyg.xn--p1ai/ (дата обращения: 14.01.2014); Федеральный электронный справочник «Доска почета России» / доска-почета-рф.рф [Электронный ресурс] URL: http://xn-----6kcbri6a5adjpdt5a3b.xn--p1ai/ (дата обращения: 12.01.2014)

[25]Гимназия №18 города Краснодара / День матери [Электронный ресурс]. – URL: http://www.school18.kubannet.ru/doska_pocheta.htm (дата обращения: 12.12.2013.); Доска почета школьников // Средняя общеобразовательная школа №1 МО Сортавалла [Электронный ресурс]. – URL: http://10417s1.edusite.ru/p26aa1.html (дата обращения: 23.12.2013.); Селезнева Елена Васильевна // ЧОУСОШ Личность / Сайт Солнечный: Доска почета класса [Электронный ресурс]. – URL: http://www.selezneva-lichnost.ru/doska-pocheta/doska-pocheta-klassa.html (дата обращения: 23.12.2013.); Школа №1 г. Советская Гавань / Доска почета [Электронный ресурс]. – URL: http://school1svg.ucoz.ru/index/doska_pocheta/0-72 (дата обращения: 23.12.2013.); Негосударственная школа «УНА» г.Москва // Доска почета [Электронный ресурс]. – URL: http://www.school-una.ru/index.php?id=203 (дата обращения: 12.12.2013.). Гимназия №18 города Краснодара // День матери [Электронный ресурс]. – URL: http://www.school18.kubannet.ru/doska_pocheta.htm (дата обращения: 12.12.2013.); Доска почета школьников // Средняя общеобразовательная школа №1 МО Сортавалла [Электронный ресурс]. – URL: http://10417s1.edusite.ru/p26aa1.html (дата обращения: 23.12.2013.); Селезнева Елена Васильевна // ЧОУСОШ Личность / Сайт Солнечный: Доска почета класса [Электронный ресурс]. – URL: http://www.selezneva-lichnost.ru/doska-pocheta/doska-pocheta-klassa.html (дата обращения: 23.12.2013.); Школа №1 г. Советская Гавань / Доска почета [Электронный ресурс]. – URL: http://school1svg.ucoz.ru/index/doska_pocheta/0-72 (дата обращения: 23.12.2013.). Негосударственная школа «УНА» г.Москва // Доска почета 12-13 [Электронный ресурс]. – URL: http://www.school-una.ru/index.php?id=203 (дата обращения: 12.12.2013.).

тому же очень удобный для фотосъемки»[26]. Если учесть свидетельство Эдгара Сноу[27] со слов Мао Цзэдуна, что к 30 г. XX века «Красная доска» (аналог доски почета) представляют собой в коммунистическом Китае мощное средство пропаганды нового (коммунистического) образа жизни, и опирается на традицию «Красного павильона», введенную в XIV веке основателем династии Мин императором Хунъу, то можно было бы считать доску почета артефактом Китайской культуры, привнесенным на почву Советской России в начале XX века американскими журналистами Эдгаром Сноу и Анной Луизой Стронг[28].

О массовом распространении доски почета в Восточной Азии свидетельствуют диссертационные исследования Нгуена Ван Чунга «Социалистическая индустриализация и особенности ее осуществления в Социалистической Республике Вьетнам» и Ченя Кайкэ «Конфуцианство и «культура предприятия» в современной Восточной Азии»[29].

В западной культуре, жестко оппонирующей в идеологических позициях коммунистическим социальным экспериментам весь XX век, мы тоже встречаем аналоги доски почета: «...В 1918 году журнал «Форбс» впервые опубликовал список самых богатых американцев. Он включал в себя 30 человек, и их состояние измерялось не миллиардами, а миллионами - доллары другие были. Журнал тогда пояснил, что сведения о личных состояниях почерпнуты из налоговых деклараций, а также из информированных оценок, высказанных «ведущими банкирами Америки». С 1982 года «Форбс» стал публиковать списки самых богатых ежегодно...»[30].

[26] Китай. Шанхай, Ханчжоу, Гуанчжоу, заводы сварочного оборудования // Записки странствующего слесаря [Электронный ресурс]. – URL: http://www.udarnik-truda.ru/puteshestviya/china-2010/china-2010.htm (дата обращения: 12.12.2013.).

[27] Snow, E. Red Star Over China / E Snow, – Read Books: 1937. – 464 p.

[28] Стронг, Анна Луиза – Википедия: свободная энциклопедия [Электронный ресурс]. – URL: http://ru.wikipedia.org/wiki (дата обращения: 12.12.2013.).

[29] Нгуен Ван Чунг. Социалистическая индустриализация и особенности ее осуществления в Социалистической Республике Вьетнам: дис. канд. экон. наук / Нгуен Ван Чунг. – М: 1984. – 144 с; Чень Кайкэ. Конфуцианство и «культура предприятия» в современной Восточной Азии: дис. канд. ист. наук / Чень Кайкэ. – М: 2002. – 237 с.

[30] Илья Бараникас: Доска почета олигархов // Огонек – 2008 – №52 [Электронный ресурс]. – URL: http://www.ogoniok.com/archive/2003/4827/48-18-19/ (дата обращения: 16.01.2014.).

Для российского читателя, в силу особенностей менталитета, заголовок заметки «Огонька» «Доска почета олигархов» выглядит иронично. Но как указывает И. Бараникас, автор заметки: «Чтобы объяснить американцам смысл «раскулачивания», нужно изрядно потрудиться. Здесь нет генетической ненависти бедных к богатым. Каждый надеется, что хотя бы к концу жизни или в следующем поколении в семью придет благосостояние. Когда затурканный работяга видит шикарные виллы голливудских знаменитостей, у него не возникает желания их сжечь. Когда неимущая домработница стоит на автобусной остановке, а мимо проносится «роллс-ройс», в ее голове не стучит мысль: «Вот бы его, поганца, заставить ездить на городском автобусе». «Маяки успеха» для американцев – ориентир в жизни, а не объект агрессии»[31].

Кроме ежегодной «доски почета» «Форбс» мы можем упомянуть массу современных рейтинговых исследований различных агентств (так называемые «топы» или «топ-рейтинги»), пример Голливудской «Аллеи славы», досок почета образовательных и научных учреждений, частных клубов, гостиниц, ресторанов и пр.

«Топ» в западной культуре приобрел столь масштабное распространение, что следует отдельно остановиться на его описании.

В настоящее время термин «топ» (англ. *top*) в массовой культуре Запада характеризует верхушку общественного одобрения (топ политиков или спортсменов), массового потребления (топ товаров), социальной адаптации (top face в социальных сетях Интернета) или высшую статусную степень личного профессионального роста (топ-модель, топ-менеджер и пр.). Распространению в современной медиакультуре этого понятия мы обязаны особой популярности различных **топ-сведений**, публикуемых СМИ. Потребительский спрос на подобную информацию – тема отдельного исследования. Достаточно заметить, что в целом вся современная индустрия СМИ построена на эксплуатации данного феномена. Порою достаточно одного броско сформулированного

---

[31] Илья Бараникас. Там же.

заголовка, чтобы моментально возросший потребительский рейтинг какой-нибудь бульварной газетенки принес ее владельцу значительную материальную выгоду. На эксплуатации топа, как феномена массовой культуры, построены современные технологии управления массовым сознанием, успешно используемые в ходе рекламных компаний, а так же в организации управления (менеджмента) в торговле и производстве, в изготовлении и распространении продукции шоу-бизнеса.

Для нас важно проследить процесс формирования топа.

Топ – результат общественного отбора некоторых сведений, услуг, товаров, профессиональных навыков, личностных качеств и других категорий социальной жизни. Этот отбор осуществляется в рамках социальной коммуникации, подразумевающей личностный, групповой и массовый уровни. Как правило, в процессе формирования топа учитываются некоторые количественные показатели, свидетельствующие о массовом совершении отдельными людьми (личностями) некоторых идентичных действий (голосование, покупка, употребление) по отношению к какому-нибудь объекту, к отдельной личности или к какой-либо информации. Количественные показатели составляют рейтинг данного объекта, личности или информации. Больший рейтинг (большие количественные показатели) являются свидетельством вхождения данного объекта, личности или информации в некоторую группу идентичных объектов (первая десятка, двадцатка и пр.). Эта группа объектов и воспринимается как текущий топ (на момент до публикации следующих аналогичных исследований).

В результате формирования топа происходит отбор общественно значимых ценностей так же как при формировании доски почета. Поэтому мы склонны идентифицировать оба социокультурных феномена как проявление одной культурной формы, которую мы и рассматриваем в данной работе.

Мы можем наблюдать во второй половине XX-го века распространение доски почета в повседневной культуре наиболее интегрированных, так называемых, развитых стран: СССР (Россия и постсоветское пространство), Китай и Восточная Азия, США, европейские государства. Распространенность и популярность доски почета может объясняться ведущей мотивацией повседневной деятельности подавляющего большинства жителей этих стран (ориентацией на успех), а доска почета, в информативном плане, как раз и демонстрирует примеры успеха.

Отдельно необходимо акцентировать внимание на культуроформирующей (репродуктивно-созидательной) особенности изучаемого предмета: доска почета не только демонстрирует примеры успешной повседневной деятельности, но одновременно мотивирует и направляет повседневную деятельность людей на успех. Т. е. является социально активным инструментом управления массовым и индивидуальным обыденным сознанием.

Таким образом, рассматривать доску почета в качестве артефакта (понятие артефакта мы уточняем по П. Гуревичу[32]) какой либо локальной культуры, можно лишь изучая некоторые локальные особенности предмета. А для его определения мы должны принять, что имеем дело с некоторой культурной формой (возьмем понятие культурной формы Георга Зиммеля[33]), получившей в XX веке широкое распространение в интегрированных культурах различных стран.

Доска почета как артефакт отдельной культуры определенного исторического времени имеет материальное воплощение, раскрывающее ценностные личностные ориентиры, сложившиеся в данной отдельной культуре. Особенностью артефакта доски почета является символизация наиболее социально значимых практик реализации личностных качеств в отдельный исторический период.

Мы определяем доску почета как форму культуры, форму визуализации и

---

[32] Гуревич П. Культурология – электронная библиотека истории культуры // Библиотека Гумер – гуманитарные науки [Электронный ресурс]. – URL: http://www.gumer.info/bibliotek_Buks/Culture/gur_kult/01.php (дата обращения: 14.12.2013.).

[33] Зиммель Г. Избранное: Том первый. Философия культуры: пер. с нем. / Г.Зиммель. – М: Юристъ, 1996. – 671с; с 482-487.

публикации общественного признания социальной группой заслуг отдельной личности (отдельного культурного артефакта) перед данной группой и (или) перед более широкой общественностью в ряду с ограниченным кругом лиц (ограниченным кругом артефактов).

Как форма культуры доска почета – абстрактная категория, некоторая идея общественной оценки и отбора личностных качеств некоторой части общества другой частью общества или оценки обществом продуктов потребления, в том числе информации.

В информативном плане доска почета обязательно обнародует сведения о победе (личном достижении) указанных на ней лиц (учреждений, товаров или информации) в некотором общественном соревновании. И, как следствие, обнародование имен номинантов доски почета носит характер общественной награды и морального поощрения конкретных лиц (учреждений или товаров) за их заслуги перед обществом. В этой связи дополнительные материальные награды, поощрения и иные выгоды номинантов доски почета носят второстепенный символический характер, а товарам и информации таких наград вообще не требуется.

Т. е. доска почета как артефакт отдельной культуры свидетельствует о наличии в рассматриваемой культуре социальных отношений состязательного характера и стимулирует их, а доска почета как культурная форма, как идея социальной оценки и ранжирования личностных достижений (или характерных свойств артефактов), своим наличием в общественном сознании не только раскрывает закономерность состязательности общественной жизни, но и мотивирует развитие форм социальной состязательности.

Рассматриваемая нами культурная форма доски почета помимо своих проявлений в материальной и художественной культуре раскрывает свое содержание в процессе изучения эволюции (культивации) её семиотического значения[34]. Как знак доска почета представляет собой единство структурных семиотических элементов: *почетное место, портрет* и специфическая категория *времени*.

Подчеркнем временный характер общественного морального поощрения в рамках доски почета, отличающий её от памятника (мемориала), позиционирующего вечное общественное воздаяние герою или героям за заслуги, в том числе посмертно. Другая категория мемориалов посвящена отдельным историческим событиям, что невозможно в рамках доски почета. Мемориал, как нечто рукотворное, оставленное на вечно – одна из древнейших культурных форм, связанная с осознанием человечеством конечности жизни и памяти смертного, но одновременно с наличием вечных культовых, нравственных, эстетических ценностей.

Хотя есть примеры, когда специфика доски почета совмещается с мемориальными принципами: на два десятка живых ежегодных номинантов приходится один умерший на Голливудской «Аллее славы», кроме того, звезда Голливудской «Аллеи славы» – награда пожизненная, не предполагающая истечения срока. Все же необходимо отграничить доску почета от похожих или даже родственных культурных форм, таких как: мемориал или мемориальная доска, доска позора, наградной знак или почетное звание.

На том факторе, что на доске почета находится именно ныне живущие люди, наши современники, основана социально-управленческая и идеологическая её роль. С одной стороны сама доска почета предполагает поведенческую мотивацию (стремление добиться подобных результатов), с другой – представленное на доске почета ныне живущее лицо, становится своего рода реальным агентом, вольно или невольно распространяющим общую идеологию доски.

Близкая категория времени, воспринимаемая как актуальность, является

---

[34] Лотман Ю.М. Избранные статьи в трех томах: статьи по семиотике и топологии культуры / Ю.М.Лотман. – Т. 1. – Таллин: Александра, 1992. – 248 с; 12-25

непременной составляющей и доски позора, существовавшей как в КНР, так и в СССР вместе с доской почета. Но если основным содержанием доски почета является общественное одобрение, то доски позора содержат общественное порицание. Главными темами досок позора в СССР были негативные личные качества трудящихся: лень, пьянство, распутство. Трудящихся критиковали на досках позора за опоздания на работу, за пренебрежение общественной деятельностью, за мелкое хулиганство, за семейные ссоры, за недостатки культуры общения и пр. Критике на досках позора подвергались недоброкачественные товары, некачественные услуги, бесхозяйственность руководящих работников.

Как формы общественного контроля и влияния в Советской России доска почета и доска позора часто использовались одновременно в рамках развитой системы наглядной агитации, которая включала в себя и другие формы влияния: стенгазеты, плакаты, листовки, лозунги и др.

Отличительными сторонами доски позора являлись отсутствие ценностной мотивации поступка и внутреннего почетного пространства. Кроме того категория портрета на доске позора часто замещалась карикатурой, подчеркивающей не столько личностные (или характерные) качества, сколько обобщенные, критикуя недостатки как общественно неугодное явление. В итоге если доска почета как мотиватор используется и по ныне, доску позора из социокультурного пространства современной России вытеснили сатирические жанры: шаржи, карикатуры и пр.

Номинация на доску почета отличается от почетных званий и наградных знаков тем, что звания и наградные знаки являются сугубо персональными наградами, а на доске почета всегда представлена часть общества, т. е. это награда не только общественная, но и всегда групповая, коллективная.

Тонкая грань отделяет форму визуализации общественного признания качества товаров потребления от знаков признания их качества. К примеру: перечень товаров со знаком качества СССР можно считать доской почета этих товаров, но отдельный знак на маркировке отдельного товара, говорит лишь о возможной принадлежности данного товара к некоторой доске почета.

Большое значение здесь имеет именно перечень. Множественность портретов подчеркивает внутреннее почетное пространство (почетное место) доски почета. Каждый из портретов доски почета своими заслугами подчеркивает и как бы усиливает почетное место соседних портретов. Кроме того, к примеру в топе, только в рамках портретной множественности доски почета возможна визуализация внутреннего ранжира по типу «первый из десяти» или «верхняя строчка» и пр.

Благодаря взаимно дополняемому единству трех, описанных выше, элементов (почетное место, портрет и специфическая категория времени) доска почета является активным механизмом управления обыденным сознанием индивида в рамках его социализации. Доска почета может влиять на поведение человека, мотивацию его жизнедеятельности, нормы социальной и межкультурной коммуникации. В настоящее время доска почета товаров массового потребления используется как один из сильных («объективных») мотиваторов потребительской активности. Тот факт, что и сегодня доска почета распространена во многих странах, говорит о востребованности ее коммуникационного потенциала.

На наш взгляд, в форме доски почета синкретично взаимосвязаны ценность-ретрансляционные механизмы социальных практик личности, групп и масс общества с мультимедийными семиотическими элементами ее структуры. Что позволяет отнести доску почета к категории культурных ретрансляторов личностных ценностных ориентаций.

Раздел 2. Семиозис Доски почета

Глобальные процессы, происходящие в обществе под влиянием бурно развивающихся информационных и телекоммуникационных технологий занимают умы ученых с конца XX века. Разрабатываются теория информации (Н. Винер, А. Н. Колмогоров, К. Шенон, У. Р. Эшби и др.) и концепция информационного общества (Д. Белл, П. Дракер, М. Кастельс, М. Постер, Т. Стоуньер, Элвин и Хейди Тоффлер, Ю. Хаяши и др.), информационные подходы в культурологии (Г. А. Голицын, Т. В. Коваленко, К. Мартиндейл, С. Ю. Маслов, А. Моль, В. М. Петров, и др.) и на слиянии ряда смежных гуманитарных дисциплин контуры общей теории коммуникации (Э. Барнув, Г. Блумер, Ж. Бодрийяр, Дж. Мид, Г. Г. Почепцов, А. В. Соколов, П. А. Сорокин, Г. Тард, Ю. Хабермас, Н. В. Шашкова и др.). Немаловажную роль в формировании научных представлений о роли художественной формы в социальной коммуникации играют концепции Ф. Соссюра, М. М. Бахтина, Ю. М. Лотмана, У. Эко, Б. А. Успенского, представляющие культуру в качестве совокупности ненаследственной информации.

Современные представления философии культуры, социальной философии (структурно-семиотический подход, теория коммуникации) позволяют нам рассмотреть доску почета как форму культуры и определить ее коммуникационный потенциал. Актуализирует необходимость рассмотрения этой проблематики массовое распространение доски почета в информационном пространстве Интернета. В новом информационном обществе происходит увеличение объемов перерабатываемой информации, увеличение форм коммуникации, развиваются мультимедийные ее средства. Имеется ли у доски почета как мультимедийного средства социальной коммуникации перспективы развития?

Мы определили доску почета как форму визуализации и публикации общественного признания социальной группой заслуг отдельной личности или некоторого артефакта культуры перед данной группой или перед более широкой общественностью в ряду с ограниченным кругом лиц (или в ряду подобных артефактов)[35].

Доска почета – в ряде стран социально важный знак общественного морального поощрения. Как знак она представляет собой имеющую историко-культурные основания семиотическую категорию (понятие по Ю. М. Лотману[36]) современной культуры. Из ряда близких к ней по значению форм культуры (знаки отличия, почетные звания, мемориальные доски и пр.) доска почета выделяется реализацией таких своих структурных семиотических элементов как **почетное место**, **портрет** и специфическая категория **времени**.

Если почетное место и портрет реализуются так же и в форме мемориала (мемориальной доски), то в отличие от мемориала, позиционирующего вечную память (вечную славу), доска почета имеет временные ограничения, выраженные во славе ныне живущим и ныне почитаемым персонам.

Так, наиболее ранний прототип доски почета, известный в истории культуры республиканской эпохи Древнего Рима (509-27 гг. до НЭ), подразумевал не только скульптурные изваяния триумфаторов *(cursus honorum)*, но и возможность уничтожения этих воплощенных символов социального признания (*damnatio memoriae*), если почитаемая персона покрыла свое имя позором[37].

Рассмотрим некоторые аспекты структурных семиотических элементов предмета нашего исследования.

Определяющий элемент доски почета, ***почетное место***, имеет глубокие исторические корни.

Категория почетного места культивируется человечеством с древнейших времен. Она формируется и реализуется в пространственном (ландшафтном или архитектурном), культовом и социальном планах. Почетное место тесно связано

---

[35] Бакуменко Г.В. Доска почета: определение предмета исследования // SCI-ARTICLE. – Ноябрь 2013. - № - 3 [Электронный ресурс]. URL: http://sci-article.ru/stat.php?i=doska_pocheta:_opredelenie_predmeta_issledovaniya (дата обращения 19.01.2014).

[36] Лотман, Ю М. Там же.

[37] Ильина, Т В. Там же с 23-24.

с пониманием величия, преимущества, приоритета.

В русском языке почетное место этимологически раскрывается в определении правого, главного и красного. Красная поляна, красная площадь, красная улица, красный угол и красное окно дома, красные врата, глава муниципалитета, оглавление, заглавная буква, во главу стола, правое дело, правда, оправдание, по правую руку – вот далеко неполный перечень употребляемых в русском языке выражений, определяющих преимущественное значение или назначение объекта[38].

Красная поляна, красная площадь, красная улица – понятия, указывающие на наиболее социально значимые части обжитого пространства. На них проходят народные гулянья, ярмарки, вершится суд, совершаются обряды, парады, смотры, общие собрания поселян и пр. Пройти по красной улице или присутствовать на красной площади или поляне, особенно в праздничный (красный) день, почетно, связано с некоторым уровнем общественного признания. Рассматриваемые понятия представляют пример сочетания пространственного и социального плана почетного места.

В определении красного угла или окна дома мы можем наблюдать сочетание пространственно-архитектурного и культового плана реализации категории почетного места. Красный угол дома – угол, направленный на восток, первый встречающий ежедневно Солнце. Красное окошко – окно, в которое Солнце заглядывает первым. Здесь прослеживается влияние древнейшего солического славянского культа на традиционную архитектуру жилища. Внутри

---

[38] Красный – Толковый словарь Даля – Яндекс. Словари: электронный ресурс. 2001-2013. URL: Http://slovari.yandex.ru/~книги/Толковый словарь Даля/КРАСНЫЙ/ (дата обращения 10.12.2013); КРАСНЫЙ – Толковый словарь Ушакова – Словари – Словопедия: электронный ресурс. 2007-2013 URL: http://www.slovopedia.com/3/202/795322.html (дата обращения 10.12.2013); Глава – Толковый словарь Даля – Яндекс. Словари: электронный ресурс. 2001-2013. URL: Http://slovari.yandex.ru/~книги/Толковый словарь Даля/ГЛАВА/ (дата обращения 10.12.2013); Главный – Толковый словарь Ушакова – Словари – Словопедия: электронный ресурс. 2007-2013 URL: http://www.slovopedia.com/3/195/781093.html (дата обращения 10.12.2013); Правый – Толковый словарь Даля – Яндекс. Словари: электронный ресурс. 2001-2013. URL: http://slovari.yandex.ru/~книги/Толковый словарь Даля/ПРАВЫЙ/ (дата обращения 10.12.2013); Правый – Толковый словарь Ушакова – Словари – Словопедия: электронный ресурс. 2007-2013 URL: http://www.slovopedia.com/3/207/822808.html (дата обращения 10.12.2013).

помещения красный угол и красное окно приобретают символическое значение главного и почетного места: в красном углу по православному преданию вывешивается главная икона дома (семьи), у красного окна место почетного гостя. Так же в архитектуре можно наблюдать и символическое прочтение «правого» как почетного: красный угол и красное окно располагаются справа от входящего в дом, следовательно, входящий отдает почести (здоровается) сначала с теми, кто справа от него (начиная с иконы для православных).

Впрочем «Закон правой руки» связан не только с архитектурой и распространен в культуре многих народов. Очевидно, это связано с общей физиологией и психосоматической самоидентификацией человека. Правая рука – рука приветствия, по правую руку от главного (например, за столом) располагается его первый заместитель или помощник, справа от отца – старший сын, справа от судьи помилованный, слева осужденный и т. д.

Таким образом, по правую руку от почитаемого или главного человека располагается почетное место. Закон правой руки – универсальная этическая норма, распространенная в культуре большинства народов мира и закрепленная во всех мировых религиях.

Понятие головы или главы, а соответственно и главенства с одной стороны связано с понятием вершины и величия (глава дуба, утеса, холма), что совпадает с физиологическим местом головы человека, с другой – связано с вершиной управления (глава города, табуна, стада, главарь банды, во главе войска), что совпадает с психосоматическим самоощущением индивида. Почетное место здесь определяется степенью пространственной близости расположения объекта к главе: чем ближе, тем почетнее.

Вообще понятия величия, высоты, главенства и почета тесно переплетены.

Так в культуре многих народов с почетным местом в пространстве ойкумены связывается возвышение на местности, на котором принимаются наиболее социально важные решения, проводятся календарные празднества и ритуалы, воздвигаются культовые сооружения. Поселения шумерской культуры (IV-е тысячелетие до НЭ) представляют собой воплощение незыблемости почетного места в центре города на вершине холма, искусственно возвеличенного насыпом или платформой. Идея незыблемости почетного (священного) места в культуре Междуречья со временем находит свое воплощение в зиккурате. Зиккурат – пример соединения ландшафтного, архитектурного и культового планов почетного места[39].

Еще один пример культуры Междуречья демонстрирует нам триединое символическое соединение ландшафтного, культового и социального плана почетного места – это стела победы Нарам-Суэна (ок. 2250 г. до НЭ, найдена в Сузах, хранится в Лувре).

Изображение на стеле повествует о восшествии царя-победителя на почетное место на вершине холма. Выше царя только божественные Солнце и Луна. Величие царя выражено большим размером его изображения по сравнению с другими фигурами, близость к царю (к социальному почету) его воинов также подчеркнуто размерами их фигур, наименьшие пропорции у фигур, изображающих покоренный народ. В некоторой степени стелу победы Нарам-Суэна можно считать древнейшим прототипом доски почета, поскольку она, помимо прочего, является визуализацией общественного признания заслуг царя и воинов их соплеменниками.

Пропорциональное изображение социального величия и почитания (социального почета) – не только аккадское изобретение. Подтверждением тому является культура Древнего Египта, где величие и могущество находит воплощение так же и в монументальности скульптурных и архитектурных памятников.

Одним из древнейших артефактов культуры позднего додинастического периода Древнего Египта является наскальное изображение Наг Эль Хамдулаб

---

[39] Оппенхейм, А. Древняя Месопотамия. Портрет погибшей цивилизации. М.: Наука, 1990. 319 с; Афанасьева В.К. Шумерская культура. История древнего мира: электронный ресурс. 2012-2013 URL: http://labyrinthos.ru/text/afanaseva_shumerskaya-kultura.html (дата обращения 10.12.2013).

(Nagel Hamdulab), расположенное в десяти километрах к северу от Асуанской плотины и датируемое приблизительно 3200-3100 годами до НЭ[40].

Обнаружены рисунки впервые были в 1890 году Арчибальдом Сейсом.

В 1960 году Лабиб Хабачи (Labib Habachi) сфотографировал рисунки и, благодаря этим снимкам, специалисты Йельского университета (Yale University) обнаружили и описали это место в 2008 году.

В центре сюжета самого большого рисунка, ширина которого достигает трёх метров, сопровождаемый пятью кораблями человек, держащий в руках скипетр и носящий на голове белую корону (хеджет) – символ власти Верхнего Египта. Перед этим человеком располагаются собака и двое слуг, а за ним следует ещё один слуга с опахалом. Многочисленные признаки, в особенности сокол и бычьи рога, свидетельствуют о том, что центральный персонаж рисунка является фараоном[41].

Здесь мы наблюдаем, как близость к фигуре фараона влияет на пропорции изображений не только человеческих фигур, но и фигуры собаки: чем ближе к социальной вершине символическая фигура, тем она пропорционально большего размера.

Так в культуре древнего мира с помощью пропорций на рисунке выражается близость или отдаленность объекта изображения от божественного величия; увеличение пропорций связано с почетным местом фигуры в социальном и культовом плане.

Античная культура – Рубикон между древним миром и современной европоцентричной культурой. Отличительная черта эволюции категории почетного места в античном мире – светский и публичный характер понятия почета. Из культовой ойкумены почетное место переносится в социальный

---

[40]Древнейшее изображение фараона обнаружено в Египте: // Вести: интернет-газета ("VESTI.RU"). 2001-2013 / Вып. от 10.01.2013 [Электронный ресурс] URL: http://www.vesti.ru/doc.html?id=1001787&cid=2161 (дата обращения 10.12.2013).

[41] Древнейшее изображение фараона обнаружено в Египте. Там же.

план, божественная абсолютность сменяется политической гибкостью, изменчивостью, временностью.

У древних греков был обычай награждать победителей спортивных игр постановкой их статуй в публичных местах. Это были идеальные фигуры атлетов, которые изображали их лишь в общих чертах, идеализированно, и были выполнены по идеальному канону красоты. Древнегреческий скульптурный портрет далек от прототипа, лишен реалистических черт, но для нас важно совмещение категорий почета, публичного места и портрета.

Древнегреческая демократия реализовывалась как состязание в публичности: спортивные игры, театрализованные постановки, философские и политические дебаты, – победить при людно означало овеять свое имя почетом и величием.

В Республиканскую эпоху Древнего Рима (509-27 года до НЭ) воздвигали в публичных местах в полный рост статуи политических должностных лиц или военный командиров. Подобная честь оказывалась по решению Сената, обычно в ознаменование побед, триумфов, политических достижений. Подобные портреты обычно сопровождались посвятительной надписью, рассказывающей о заслугах. В случае преступления человека его изображения уничтожались[42].

Создаваемая по решению римского сената скульптурная галерея триумфаторов – по существу пример античной доски почета. В ней находит воплощение триединство семиотических элементов почетного места, портрета и времени.

С развитием христианства различные формы культуры сосредотачиваются в руках церкви. Происходит своего рода монополизация культуры: все, что не соотносится с главенствующей идеологией, уничижается и уничтожается. На любом почетном месте воздвигаются символы веры: крест, изображения Христа, Девы Марии, апостолов. Мы можем наблюдать, как

---

[42] Ильина Т.В. История искусств. Западноевропейское искусство. М.: Высш. Шк., 2000. 368 с.; Римский скульптурный портрет / Википедия: свободная энциклопедия [Электронный ресурс]. URL: Http://ru.wikipedia.org/wiki/Риский_портрет (дата обращения: 10.12.2013)

христианская догматика и символика заполняет собой все сложившиеся ко времени распространения христианства механизмы социального саморегулирования (мифологию, традиции, духовные практики и верования).

Однако сохраняется и усиливается универсальная реакция поклонения и почитания почетного места. Категория почетного места используется с одной стороны как своего рода декодер постулатов ветхого мифологического сознания в иную (христианскую) семиосферу[43], с другой – как сложившийся действенный механизм влияния на обыденное самосознание индивида и формы его проявления в обществе, т. е. как механизм управления.

В христианской мифологической картине мироздания формируется сакральная идея единения в стенах храма земного и небесного (божественного) миров. Для нас представляет особый интерес, постепенно формирующийся в средние века в русской православной церкви (XIII-XVI вв.) русский многоярусный иконостас.

Первый известный многоярусный иконостас был создан для Успенского собора Владимира в 1408 году (или в 1410-11 гг.). Его создание связывается с росписью Успенского собора Даниилом Черным и Андреем Рублевым[44].

Не известно точно, как именно увеличивалась алтарная преграда, заимствованная в Византии, и когда превратилась в иконостас. Важна трансформация сакральной идеи завесы, отделяющей небесный мир от земного, в визуальный ряд ликов, взирающих с «небес» на церковный приход. Ведь теперь прихожанина в поместном ряду иконостаса встречает своего рода «доска почета» святых угодников.

Доска почета XX века в СССР наследует важнейшие атрибуты иконостаса: 1) визуальный ряд лиц, требующих уважения, почитания и следования их жизненному опыту; 2) расположение в месте наибольшей визуальной доступности; 3) использование канонов в декорировании.

---

[43] Лотман, Ю М. Там же.

[44] Лидов А.М. Иконостас: происхождение, развитие, символика / А.М.Лидов. – М: Прогресс-Традиция, 2000. – 750 с; с 17-22.

Немаловажно и то, что во второй половине XX века в СССР доска почета приобретает не только идеологическую, моральную и материальную поддержку авторитета официальной власти, но и законодательное оформление.

С наступлением Нового времени церковь уступает светской власти большинство институтов социального управления. Развивающаяся наука заставляет пересматривать и корректировать религиозную догматику. Модернизации и трансформации сегодня подвержено очень многое. Большинство форм культуры неоднократно изменяются революционным образом на протяжении жизни одного поколения. Категория же почетного места сохраняет свою значимость в процессе социализации индивида.

Когда-то индивид вынужден был выбирать между жизнью или смертью среди сородичей. Современная культура ориентирует индивида на выбор почетного места, сохраняя за ним неотъемлемое право на жизнь. Любой скорее выберет почет, нежели позор.

Почетное место как семиотическая категория культуры не всегда вербализовано или семантически выражена и имеет наглядное, визуальное выражение, закрепляемое в этических нормах поведения, в верных, правильных нормах адекватных реакций индивида на визуальные условия в рамках социальной ситуации, ведущая (наиболее распространенная) из которых – выражение индивидом уважения и других форм почтения представленным в почетном месте объектам или персонам.

Почетное место – одна из древнейших семиотических категорий культуры, переходящая из одной морально-этической системы в другую в различных модификациях. В данной работе мы рассмотрели некоторый ряд проявлений определенной категории, но не все. Дальнейшее изучение данной семиотической категории может представлять теоретический и научно-практический интерес.

Рассмотренный нами ряд примеров позволяет сделать вывод, что почетное место — одна из древнейших форм (некоторый механизм) организации социальных отношений, активно использующаяся для ненасильственного утверждения норм адекватного поведения индивида в сформированной культурной среде, существующей в различных социально-исторических условиях.

Почетное место является неотъемлемой структурной составляющей такой формы культуры как доска почета. С одной стороны, используется некоторое пространство для установки доски почета, с другой – сама доска имеет собственное внутреннее пространство. Оба эти пространства позиционируется как почетное место.

В обоих случаях мы сталкиваемся с некоторым устоявшимся абстрактным пониманием части пространства, которое оказывает непосредственное влияние на самоопределение социума через самосознание индивида.

Так мы формулируем определение почетного места как элемента доски почета.

Почетное место как структурный элемент доски почета является абстрактной семиотической категорией культуры, позиционирующей социально поощряемый комплекс ценностных ориентаций индивида в его повседневной деятельности.

Благодаря наличию описанного элемента доска почета является активным механизмом управления обыденным сознанием индивида в рамках его социализации.

Портрет, как составная часть доски почета и семиотический ее элемент, понятие более широкое, более обобщенное, нежели современная трактовка соответствующего жанра в изобразительном искусстве. В нашем случае портрет, скорее – идентификатор конкретной личности, юридического лица (фирмы) или даже продукта потребления: иными словами – идентифицирующее изображение. Портрет, как системный элемент доски почета, включает в себя не только портретный жанр, но и эмблемы, имена собственные, идентифицирующие символы, например: Кузьма Иванович Брукман, Kinder

42

surprise, ЦК КПСС, BMW, распятие, Веселый Роджер и т. д.

Интересно, что первоначально в истории европейской культуры слово «portrait» означало «изобразительное воспроизведение» любого объекта, относясь к концепции воспроизведения в целом[45]. Если в искусствоведении в дальнейшем конкретизируется понятие портрета, то доска почета это понятие расширяет за счет развивающихся своими путями идентификационных изображений, в том числе: буквенной и иероглифической письменности, геральдики, символики логотипов, аббревиатур и пр. Портрет, как элемент доски почета, обязательно включает в себя понятие имени. Имя может дополнять портрет или заменить его. В античном примере доски почета статуя триумфатора содержала сопроводительную надпись, сведения: кому и за что воздана такая честь. Эти сведения являются кратким литературным портретом, следовательно, так же включаются нами в понятие описываемого семиотического элемента доски почета.

Важнейшая специфика портрета в рамках доски почета – его расположенность в ряду идентичных изображений: портрет личности в ряду выделенных персон, логотип одной фирмы в ряду некоторого количества других и т. д. Эта специфика порождает особенную смысловую нагрузку, в которой почет одного портрета подчеркивает и усиливает почетное место других.

В целом, благодаря множественности идентичных изображений, доска почета отображает часть социума и позиционирует эту часть в качестве эквивалента успеха, триумфа, стимулируя общественную активность индивида, провоцируя его на действия в рамках общих для изображенных портретов ценностных ориентаций. Одновременно портретная множественность доски почета не исключает идентификационную неповторимость и индивидуальность каждого отдельного портрета.

---

[45] Портрет // Википедия: свободная энциклопедия. 2013. URL: http://ru.wikipedia.org/wiki/Портрет (дата обращения 09.12.2013).

Портрет как структурный элемент доски почета является абстрактной семиотической категорией культуры, позиционирующей преимущественное положение исторической персоны или культурного артефакта в ряду таких же персон или родственных по своему содержанию объектов (артефактов).

Помимо внутреннего времени доски почета, указанного выше, выраженного во временном расположении портрета в ряду себе подобных, рассматриваемая нами форма культуры транслирует наиболее общие характеристики социально-исторического времени своего появления, как и всякий культурный артефакт. Аллея триумфаторов на Форуме Древнего Рима, Красный павильон Китая династии Мин, многоярусный православный иконостас, Доска почета ВЦСПС на ВДНХ, Голливудская Аллея Славы, Доска почета Почты России (2009 г.), – каждый из перечисленных артефактов раскрывает в своем содержании характеристики своего социально-исторического контекста, являясь по существу культурной транскрипцией одной формы.

Благодаря взаимно дополняемому единству описанных элементов доска почета является активным механизмом управления обыденным сознанием индивида в рамках его социализации.

Коммуникационный потенциал доски почета как формы культуры раскрывается в культурно-историческом и социально-культурном аспектах.

Первый аспект раскрывает нам перспективы проникновения сквозь историческое время в детали повседневности минувших эпох, позволяя опереться на изученные структурные особенности доски почета как формы культуры.

Второй аспект позволяет нам опереться на возможности доски почета как механизма управления социокультурными процессами. Так, к примеру, форма доски почета позволяет выявлять, прогнозировать, проектировать и транслировать личностные ценностные ориентиры, используемые в процессе социализации индивидом, т. е. контролировать и направлять эволюцию общественных отношений путем формирования и трансляции ценностей личностного роста.

Таким образом, семиозис доски почета позволяет нам выявить исторические этапы формирования ее коммуникационного функционала, связанного с процессами самоорганизации социокультурного пространства. Движению социально значимой информации свойственна структурированность по степени значимости. Именно эта структорированность находит свое отражение в пространстве доски почета, что позволяет нам выявлять степень значимости тех или иных ценностных ориентаций при прочтении содержания отдельных ее артефактов.

Константой семиотического содержания доски почета является социальный (общественный) успех представленных на ней лиц или артефактов, являющихся для читателей доски почета (реципиентов социальной коммуникации) символами успеха. Семиозис исследуемого нами предмета опирается на естественный социокультурный процесс символизации общественного успеха, связанный с самоорганизацией социокультурного пространства в развивающуюся интегрированную систему.

Раздел 3. Эволюция доски почета в аспекте социализации личности

Анализируя семиотические элементы доски почета (категория почетного места, категория портрета, специфическая категория времени), мы раскрываем историко-культурный и социокультурный аспекты коммуникационного потенциала доски почета.

Поскольку реализация социокультурного аспекта коммуникационного потенциала доски почета происходит в рамках процесса социализации (инкультурации) индивида, нам необходимо рассмотреть этот процесс и определить его место в системе культуры.

Представляя культуру как систему, мы опираемся на определения культуры как совокупности ненаследственной информации (Ю. М. Лотман, Б. А. Успенский)[46] и одновременно как процесса и результата *созидательной деятельности человека* (В. Г. Торосян)[47]. При этом необходимо обозначить социальную природу культуры, в которой она проявляется в качестве объекта и как объем информации, и как процесс и результат созидательной деятельности; а так же общий принцип самоорганизации определяемой системы – принцип максимума информации и оптимального состояния (Г. А. Голицын, В. М. Петров)[48].

Элементарной функционирующей единицей определяемой системы выступает человек как индивид, как носитель, *созидатель* и *потребитель* культуры. Именно на индивида направлен созидательный процесс культуры. Система культуры развивается постоянно, включая в себя новые элементы и модифицируя их. Постоянно протекает процесс *инкультурации* (термин

[46] Коваленко Т.В. Эволюция театральной жизни: Опыт информационно-культурологического осмысления / Т.В.Коваленко; предисл. В.М.Петрова. – М: Книжный дом «ЛИБРОКОМ», 2012. – 248 с.

[47] Торосян В. Г. Культурология: История мировой и отечественной культуры: учеб. пособие / В. Г. Торосян; гриф УМО. – М.: Владос, 2005. – 735 с. Торосян В. Г. Культурология: История мировой и отечественной культуры: учеб. пособие / В. Г. Торосян; гриф УМО. – М.: Владос, 2005. – 735 с.

[48] Голицын Г.А. Информация и творчество: на пути к интегральной культуре / Г.А.Голицын. – М: Русский мир, 1997. – 304 с., Петров, ВМ. Социальная и культурная динамика: быстродействующие процессы (информационный подход) / ВМ Петров. – СПб, Алетейя, 2008. – 336 с.

М. Херсковица), или *культурализации* (термин К. Клакхона) индивида[49].

Так проявляется одно их фундаментальных свойств системы культуры – непрерывный процесс обновления структурных единиц.

Культурализация, инкультурация – термины, введенные в культурологический обиход вслед за термином «социализация», указывающие на проблематику вхождения индивида в иную культуру, а так же, что вхождение в культуру не всегда связано с непосредственным социальным опытом, с непосредственной социальной практикой и может осуществляться опосредовано. Однако даже если инкультурация связана с получением информации индивидом вне социальных отношений, данная информация все равно является результатом тех или иных социальных отношений. Получается, что индивид опосредовано через некоторые формы культуры становится участником социальных отношений. Инкультурация без социализации индивида невозможна, это два взаимосвязанных процесса, сопровождающих личностное развитие индивида.

Социализация изучается философией, социологией, социальной психологией, психологией, педагогикой, историей и этнографией. В рамках философии проблема социализации конструируется на стыке философии культуры и философии детства.

Традиция философского осмысления феномена социализации заложена основоположником социальной психологии Габриелем Тардом, активно развивалась классическим психоанализом (З. Фрейд), марксизмом (Л. С. Выготский), структурно-функциональным анализом (Т. Парсонс). Современные исследования проблематики социализации представлены, прежде всего, символическим интеракционизмом (чикагская и айовская школы), направлением «психодрамы» и др. Процесс социализации может быть понят как подключение человека к культуре как таковой (социализация биологического

---

49 Новейший философский словарь: Социализация / А.А. Грицанов, М.А. Можейко, Т.Г. Румянцева. – Минск, Книжный Дом, 2003. – 1280 с; с 964.

организма) и – одновременно – как подключение к традициям конкретной национальной культуры, выступающей далее для него в качестве автохтонной, родной[50].

Как указывает С. Н. Гавров «Социализация … предполагает все многосторонние и часто разнонаправленные, планируемые и не планируемые влияния жизни, в результате которых человек усваивает «правила игры», принятые в данном обществе, социально одобряемые нормы, ценности, модели поведения… Социализация осуществляется при помощи «кнута и пряника». Общество (социальная группа) награждает человека за усвоение им поведения, социально одобряемого и успешного в данном обществе или группе, и наказывает за сопротивление» [*разрядка автора*[51]].

Влияние культуры на формирование личности мы будем рассматривать как неотъемлемое свойство культуры, а вектор, направленность этого влияния – как функцию, выполняемую тем или иным элементом системы культуры.

И. С. Кон дает следующее определение: «Социализация – процесс усвоения индивидом образцов поведения, психологических установок, социальных норм и ценностей, знаний, навыков, позволяющих ему успешно функционировать в обществе»[52].

Опираясь на данное определение социализации, мы конструируем собственное.

Социализация как свойство культуры — это процесс усвоения индивидом, как элементом культуры, образцов поведения, психологических установок, социальных норм и ценностей, знаний, навыков, позволяющих ему успешно функционировать в рамках системы культуры.

Следует обратить внимание на сложную многоуровневую природу системы культуры, имеющую на различных уровнях локализации и общие

---

[50] Новейший философский словарь. Там же; с 966.

[51] Гавров С.Н. Образование в процессе социализации личности / С.Н. Гавров, Н.Д. Никандров // Вестник университета Российской академии образования. – М, 2008. - № 5(43). - С. 21.

[52] Социализация – БСЭ // Яндекс. Словари [Электронный ресурс]. – URL: Http://slovari.yandex.ru/социализация/БСЭ/Социализация/ (дата обращения: 09.10.2013.).

системные черты, и локальные особенности.

Говоря об уровнях локализации системы культуры, мы имеем в виду уровни актуализации некоторого объема информации в созидательной деятельности человека. Следовательно, мы имеем дело с различными уровнями коммуникации в рамках культуры.

Коммуникация, как акт или процесс передачи информации, предполагает связь между двумя или более индивидами, основанная на взаимопонимании, на сообщении некоторых сведений одним лицом (или локальной культурой) другому. Информация, в данном случае, – опосредованный формами связи результат отражения изменяемого объекта, изменяющегося с целью сохранения системной целостности.

По определению А. П. Садохина под межкультурной коммуникацией следует понимать совокупность разнообразных форм отношений и общения между индивидами и группами, принадлежащими к разным культурам[53]. Под разными культурами, в данном случае, Садохин понимает национальные, региональные, конфессиональные и др. локализации культуры, а коммуникацию между ними называет межкультурной. С позиций же информационного подхода к определению культуры мы можем говорить о социокультурной (*внутри культурной*) коммуникации между различными формами локализации культуры как единой системы, поскольку гипотетически теоретико-информационная парадигма полагает закономерное единообразие всех информационных процессов в рамках культуры.

И. М. Быховская дает следующее определение социокультурной коммуникации.

Социокультурная коммуникация – процесс взаимодействия между субъектами социокультурной деятельности (индивидами, группами, организациями и т. п.) с целью передачи или обмена информацией посредством принятых в данной культуре знаковых систем (языков), приемов и средств их

---

[53] Садохин А.П. Межкультурная коммуникация /АП Садохин. – М: 2009. – 288 с.

использования. Социокультурная коммуникация выступает как один из базовых механизмов и неотъемлемая составляющая социокультурного процесса, обеспечивая саму возможность формирования социальных связей, управления совместной жизнедеятельностью людей и регулирования ее отдельных областей, накопление и трансляцию социального опыта[54].

И так, социализация индивида происходит в результате локализации системы культуры на уровне сознания индивида в процессе коммуникации.

Важнейшим следствием социализации индивида становится развитие коммуникации в рамках системы культуры.

Коммуникация предполагает наличие сложившихся отношений между участниками данного процесса. Комплекс отношений между участниками коммуникации назовем коммуникационным каналом. Очевидно, что постоянное обновление элементов культуры ведет к постоянному обновлению (модернизации старых и созданию новых) коммуникационных каналов.

Таким образом, социализация индивида приводит к развитию системы коммуникационных каналов культуры. Социализация как функция культуры направлена на развитие коммуникационных каналов.

Социализация индивида как свойство культуры проявляется в локализации культуры на уровне сознания индивида в процессе коммуникации.

Социализация индивида как функция культуры проявляется в постоянном развитии различных комплексов отношений между локальными формами культуры в процессе коммуникации, в развитии коммуникационных каналов.

По содержательно-смысловым признакам мы определили доску почета как форму визуализации и публикации общественного признания социальной группой заслуг отдельной личности перед данной группой и (или) перед более широкой общественностью в ряду с ограниченным кругом лиц, а так же в

---

[54] Быховская И.М., Флиер А.Я. Коммуникация социокультурная / Высшая школа культурологи – Культурологический словарь / Библиотека Гумер – культурология [Электронный ресурс] Url: Http://www.gumer.info/bibliotek_Buks/Culture/CultDic/5.php (дата обращения: 12.01.2014.).

51

качестве активного механизма управления обыденным сознанием индивида в рамках его социализации. Уже в этом определении обнаруживается ведущая функция доски почета – организация социальной коммуникации.

Рассматривая социализацию индивида как функцию культуры, мы можем констатировать, что доска почета является одновременно и результатом некоторого комплекса социальных отношений и стимулом для дальнейшего развития различных комплексов отношений. Иными словами, доска почета является коммуникативным каналом стимулирующим развитие некоторой коммуникационной среды. Вместе с тем доска почета локализует на уровне сознания индивида некоторый комплекс ценностных ориентаций в рамках культурной системы (или подсистемы), т. е. посредством доски почета реализуется социализация индивида и как свойство, и как функция культуры.

Мы можем утверждать, что в рамках социализации личности доска почета имеет потенциал социообразующей формы культуры, стимулирующей развитие социальных отношений путем трансляции ценностных ориентаций личности.

Современные демократические режимы реализуют в системе государственного управления те же семиотические категории (почетное место, портрет, время), что лежат в основе доски почета как формы культуры.

Отличительной особенностью *демократической* доски почета является непосредственная обратная коммуникация (топ-рейтинг): когда индивид имеет возможность оценить представленные на почетном месте портреты, создав условия иерархии лидеров рейтинга. Ни в условиях древнеримской демократии, ни при формировании православного поместного иконостаса, ни в партократическом обществе СССР подобная непосредственная коммуникация была невозможна: абсолютная иерархия, если она закладывалась в идеологию доски, преподносилась как данность, а в православном варианте и как проявление абсолюта и незыблемости ценностных ориентаций личности. Не сразу непосредственная обратная коммуникация сложилась и в Европе.

Обращает на себя внимание то, что развитие СМИ первоначально формируют условия реализации непосредственной обратной коммуникации, а за тем общественные демократические движения начинают свою борьбу за реализацию подобного механизма в политических системах государственного устройства, отстаивая принципы всеобщего избирательного права.

В свете концепции метатеории социальной коммуникации (А. В. Соколов, Н. В. Шашкова, И. М. Быховская и др.)[55], развитие непосредственной обратной коммуникации – естественный процесс эволюции доски почета, протекавший в европейской культуре более интенсивно, нежели в идеологически законсервированном советском обществе.

Идеологический принцип демократического централизма, заложенный в структуру марксистского партийного управления, легко ассимилировал самодержавный менталитет русской православной общины. Он же в советской культуре трансформировал всеобщее избирательное право во «всеобще-одобрятельное», он же не предполагал непосредственной обратной коммуникации, стимулируя лишь ликование и аплодисменты, переходящие в овации. А постоянный идентичный результат коммуникативного процесса лишает его информативности. В результате коммуникативный процесс тормозится, по принципу домино затормаживая всю систему социокультурной коммуникации, затормаживая естественную эволюцию общественных отношений.

Таким образом, в аспекте социализации личности в XX веке мы наблюдаем эволюцию формы доски почета, выраженную в развитии ее коммуникационного потенциала. Одновременно с доской почета советского типа, подразумевающей трансляцию социального опыта только опосредованно через реализацию комплекса ценностных личностных ориентаций в социальной деятельности, сосуществует доска почета европейского типа, включающая в себя механизм непосредственной обратной коммуникации путем дополнительной рейтинговой

---

[55] Соколов А.В. Общая теория социальной коммуникации: учеб. Пособие / А.В.Соколов – СПб: Издательство Михайлова В.А., 2002 – 461 с.

оценки заявленных на доске почета ценностных ориентаций. Второй тип тесно связан с развитием СМИ. Он не исключает социоформирующий потенциал доски почета первого типа, но дополняет его новыми возможностями. Если прочтение семиотического содержания доски почета советского типа подразумевало трансляцию индивидом в его социальном опыте заявленных ценностей только в случае их соответствия с автохтонным индивидуальным комплексом, а в противном случае мог сложиться асоциальный стереотип поведения (неприятие социальных ценностей), то непосредственная обратная коммуникация позволяет любой личности корректировать заявленные на доске почета ценностные ориентации в соответствии со своим социокультурным опытом.

Термин «Доска почета советского типа» – условный, и может ввести в заблуждение. Укажем, что данный тип доски почета развивался более двух тысяч лет, начиная с культуры Древнего Рима республиканской эпохи (509-27 гг. до НЭ) и только сформировавшиеся СМИ в XIX-XX веках создали условия для дальнейшей эволюции данной формы.

Укажем так же, что триединство семиотических категорий почетного места, портрета и времени, нашедшее свою реализацию в форме доски почета, рассматривается нами как закономерное следствие эволюции культуры как глобальной информационной системы. Однако не во всех традиционных (локальных) культурах сложились историко-культурные основания подобного триединства. Например, категория портрета имеет весьма специфическое значение в исламской культуре, в шаманских культурах коренных народов Африки, Австралии, Америки и севера Азии. Эта специфика выражается в сакральности портрета, в ограничении его публичности и, как следствие, в ограничении его социальной и социализирующей роли. В данных культурах портрет не может рассматриваться как награда. Следовательно, доска почета как форма в семиосферах этих культур может иметь весьма специфические свойства. Рассмотрение этих особенностей не входит в задачи нашего исследования. Но необходимо указать, что в перечисленных локальных культурах складываются столь же специфические условия социализации личности.

Мы рассмотрели процесс социализации личности в качестве свойства и функции культуры как глобальной информационной системы и обозначили ведущее направление эволюции доски почета в рамках этого процесса.

Доска почета, обогащенная возможностью непосредственной обратной коммуникации, включает в процесс социализации не только индивида, чья автохтонная культура базируется на схожих ценностных ориентациях, но и представителя иной культуры, путем предоставления иноку возможности пропаганды собственных ценностей. Если первичный тип доски почета был замкнут в рамках локальной культуры, то новый тип открыт для интеграции представителей различных локальных культур. Мы не утверждаем, что один тип лучше другого. Оба варианта в настоящее время успешно сосуществуют не только в России, но и в западной культуре. Однако эффективность доски почета как рычага управления социальными отношениями, зависит не только от целей и социокультурных факторов использования, но и от выбранной формы.

Важнейшим отличительным свойством доски почета, обеспеченной возможностью обратной коммуникации, является мотивация социальной активности в направлении ретрансляции и, следовательно, эволюционной модернизации ценностных личностных ориентаций общества, в рамки которого интегрированы различные локальные культуры. Тикам образом, доска почета одновременно может представлять собой и средство инкультурации личности и средство межкультурной коммуникации.

Раздел 4. Виртуализация доски почета в Интернете

«Доска почета была везде. В каждом городе, в каждом районе, в каждом селе, в каждом учреждении, в каждой больнице и школе, гостинице и НИИ, в каждом детском саду и ЖЭКе. Она появлялась всюду, куда ступала нога советского человека, как непоколебимая метка его чудесного присутствия. Можно сказать, что доска почета сопровождала советского человека до гробовой доски», – пишет Наталья Воронцова-Юрьева[56].

Необходимо уточнить, что подобный масштаб распространения доска почета получила в СССР к концу 70-х годов. В 1980 году Москва принимает Олимпийские игры. Очевидно в контексте подготовки к Олимпиаде все формы наглядного подтверждения победы социализма над «загнивающим» капитализмом планово приводились в порядок, и многочисленные доски почета в том числе. Доски почета не только обновлялись, но и множились, поскольку их наличие и количество партократическими функционерами преподносилось руководству как их собственные многочисленные успехи и достижения в различных отраслях народного хозяйства. Определяющим здесь был, как и в других направлениях отчетности, именно количественный показатель.

И так, к 1980 году доска почета становится обязательным атрибутом общественного поощрения большинства учреждений СССР и получает относительно законченный вид в плане сложноподчиненной структуры управления, просуществовавший вплоть до коренных изменений в социальном устройстве страны в 1990-х годах.

Интернет в России уже был в начальной стадии развития, но в использовании русского языка в Интернете были большие сложности из-за отсутствия единой кодировки. Часто русскоязычным людям приходилось контактировать между собой на английском языке. Проблемы постепенно решились с ростом популярности Windows и явным доминированием одной

---

[56] Воронцова-Юрьева Н. СССР. Доска почета // Live Journal [Электронный ресурс]. – URL: http://vorontsova-nvu.livejournal.com/421757.html (дата обращения: 16.11.2013).

кодировки с середины 90-х (Windows-1251). Таким образом, с 5-летним отставанием от появления Интернета стал развиваться его русскоязычный сегмент Рунет.

Различные мониторинговые агентства регулярно проводят исследования интернет-аудитории в РФ. Иногда об их результатах говорят как о «численности Рунета», но это не всегда верно, так как «русскоязычный Интернет» распространяется, помимо РФ, на другие страны бывшего СССР и на большие зарубежные русскоязычные диаспоры. Точную его численность установить невозможно.

Численность «пользующихся Интернетом» жителей РФ (у разных агентств разные критерии того, кого считать пользователем) демонстрирует уверенный рост в первые годы XXI века. По данным сайта *Internet World Stats*, в 2000 году российский «индекс интернетизации» составлял 2,1%, что соответствовало 3,1 миллиона человек. К 2007 году этот показатель вырос на 803,2% и составил 19,5% (28 миллионов человек). Мониторинговый центр ФОМ в марте 2007 года при оценке «шестимесячной аудитории» (тех, кто пользовался Интернетом хоть раз за последние полгода) указал также на цифру 28 миллионов, но уровень *интернетизации* при этом был оценен в 25%. В ноябре 2006 года авторитетное аналитическое агентство *TNS Gallup Media* провело собственное измерение российского Интернета (некоторые СМИ назвали это «первым качественным» исследованием) и оценило его ежемесячную аудиторию в 15 миллионов человек[57].

Открывая РИФ-2008, президент РФ Дмитрий Медведев заявил: «*За последние восемь лет ... увеличилась аудитория интернет-сервисов приблизительно в 10 раз, и сегодня у нас около 40 миллионов человек относят себя к пользователям Интернета, пользователям Рунета*»[58].

В середине 2009 года ФОМ обнародовал данные нового исследования и

[57] Рунет // Википедия: свободная энциклопедия. 2013. URL: http://ru.wikipedia.org/wiki/ (дата обращения 09.12.2013.).

[58] Рунет: Там же.

сообщил, что «полугодовая аудитория Интернета среди населения в возрасте 18 лет и старше составляет 33%, или 37,5 млн. человек»[59].

Справочник ЦРУ по странам мира указывает, что в России количество интернет-хостов в 2010 году составило 10,282 млн., а количество интернет-пользователей по состоянию на 2009 год перешагнуло отметку в 40 млн., что ставит Россию по этому показателю на десятую позицию в мире[60].

Развитие Рунета в первом десятилетии XXI века сопровождается появлением в сети электронных досок почета, различных по целям и задачам их организаторов и по организационным формам реализации.

Так с развитием региональных и муниципальных ресурсов (сайтов и порталов) в России и в странах постсоветского пространства связано появление электронных аналогов региональных и муниципальных досок почета. Происходит эволюция «советского» варианта доски почета в пространстве Рунета.

Примером простейшей электронной трансформации может служить Доска почета Удмуртской Республики, состоящая из четырех разделов Официального сайта Президента Удмуртской Республики и Правительства Удмуртской Республики: «Доска почета (Указ Президента УР о занесении на Доску почета)», «Доска почета (документы)», «Доска почета (объявления)», Доска почета (архив)»[61]. Электронный аналог доски почета, в данном случае, образуется из обнародованных на официальном сайте документов, регламентирующих использование архитектурно-ландшафтного воплощения Доски почета УР, на которой публикуются портреты отдельных граждан и предприятий Республики. В данном примере примечательно то, что на официальном региональном сайте в разделе «Награды» формируется родственная доске почета электронная форма книги почета.

[59] Рунет: Там же.

[60] Рунет: Там же.

[61] Администрация Президента и Правительства Удмуртской Республики. Награды – Удмуртская Республика [Электронный ресурс] URL: http://www.udmurt.ru/region/doska/ (дата обращения 05.01.2014.).

В том же направлении развиваются и электронные доски почета Волгограда[62], Сургута, Южно-Сахалинска, Новосибирска, Омска и ряда других муниципальных образований России и недавнего ближайшего зарубежья (Севастополь, Ялта и др.). Подобный способ интеграции архитектурных прототипов в информационное пространство Рунета свойственен и некоторым корпоративным доскам почета (например: Доска почета сайта УВД по Южному административному округу Москвы[63]).

Приведенные примеры демонстрируют первый этап виртуализации (электронной эволюции) доски почета в Рунете. Он характеризуется отражением в цифровом информационном пространстве сложившейся системы общественного морального поощрения.

На втором этапе виртуальная галерея портретов не только дополняет реальные стенды, но и заменяет их. В силу меньшей себестоимости подобный виртуальный вариант доски почета в настоящее время широко распространен в информационном пространстве корпоративной культуры Рунета: сайты предприятий и организаций, общеобразовательных школ и учреждений дополнительного детского образования, ВУЗов и СУЗов, некоторых ведомств (МЧС России, Почта России и пр.). На этом этапе можно проследить две современные тенденции: 1) новейшие информационно-коммуникационные технологии посредством виртуальной доски почета начинают влиять на сложившиеся социальные отношения (например, виртуальная награда за реальные дела); 2) виртуальные формы доски почета обрастают интерактивными возможностями (интерактивное голосование, сервис дистанционного изготовления грамот и дипломов и пр.).

На вершине второго этапа электронной эволюции доски почета находятся специализированные ресурсы, такие как: Международная детская Доска почета

---

[62] МБУ Городской информационный центр // Официальный сайт администрации Волгограда. Доска почета [Электронный ресурс] URL: http://www.volgadmin.ru/ru/MPCity/Heroes/Default.aspx (дата обращения 05.01.2014).

[63] Управление Внутренних Дел по ЮАО г. Москвы // Доска почета [Электронный ресурс] URL: http://www.uvduao.ru/index.php?file=info&id=632 (дата обращения 05.01.2014.).

«Звезды Нового Века» Марии Филатовой (Москва 2010)[64], «Доска почета учителей России» Компании «Интерстронг» (Москва 2008)[65], Федеральный электронный справочник «Доска почета России» деловых, научных и творческих кругов граждан России[66].

Интересно, что создатели последнего из перечисленных ресурсов, не афишируя собственных имен, заявляют: «Принимая решение о создании Реестра «Доска почета России» нами была проанализирована работа десятков федеральных, региональных и муниципальных информационных катализаторов специализирующихся на электронной или печатной каталогизации, как личностей, так и предприятий. И во всех случаях это были не полные собрания, а просто вырванные из общей картины фрагменты. Проблема во всех случаях одна – **Платное размещение**»[67].

Приведенное сообщение противоречит результатам проведенных нами исследований. «Информационные катализаторы», в нашей транскрипции различные доски почета, в России и на постсоветском пространстве – форма награды, не только бесплатная для номинантов, но и подразумевающая, в некоторых случаях, дополнительное материальное поощрение. Крайне печально, что «представители деловых, научных и творческих кругов граждан России» не опубликовали результаты своих исследований. Хотя, возможно, они составляют коммерческую тайну.

Детальный анализ упомянутых последних трех ресурсов заслуживает отдельного исследования. Мы же хотели бы указать, что электронная эволюция доски почета «советского» типа – это только одно из направлений развития рассматриваемой нами формы культуры.

---

[64] Филатова М / Звезды Нового Века [Электронный ресурс] URL: http://glory.znv.ru/index.php (дата обращения: 14.01.2014.).

[65] Интерстронг / Доска почета учителей России [Электронный ресурс] URL: http://xn--80aakfxxchpp7c.xn--e1afbansnjaej2cyg.xn--p1ai/ (дата обращения: 14.01.2014.)

[66] Федеральный электронный справочник «Доска почета России» / доска-почета-рф.рф [Электронный ресурс] URL: http://xn-----6kcbri6a5adjpdt5a3b.xn--p1ai/ (дата обращения: 12.01.2014).

[67] Федеральный электронный справочник «Доска почета России»: Там же.

По запросу «Доска почета» на 25 августа 2013 г. в поисковой системе Яндекс нашлось 3 млн. ответов, из них 7 240 общедоступных видеоматериалов, 46 тыс. изображений. Для сравнения: по запросу «Российская Федерация» нашлось 43 млн. ответов, из них 1 млн. изображений; по запросу «Средняя школа» - 57 млн. ответов; а «Вкусное варенье» - 2 млн. ответов, из них 30 тыс. изображений, так же как и по запросу «Копченая колбаса»; «Третьяковская галерея» представлена 959 тыс. ответов, из них 139 тыс. изображений. Из чего можно сделать вывод, что доска почета представлена в русскоязычном сегменте Интернета, по меньшей мере, в 3 раза крупномасштабнее Третьяковской галереи и опережает по популярности копченую колбасу.

Приведенная статистика может вызвать улыбку, но все же свидетельствует о некотором уровне популярности запроса «Доска почета» в Интернете.

По запросу «Доска почета» на 20.12.2013 Яндекс выдал 2 млн. ответов, из них 20 тыс. изображений.

По запросу «топ» 20.12.2013 Яндекс выдал 93 млн. ответов, из них 27 млн. картинок. Исключаем разночтения в значении слова «топ» запросом «топ-рейтинг» и получаем 13 млн. ответов. В этот же день Яндекс выдает 731 тыс. ответов по запросу «Третьяковская галерея», из них 138 тыс. изображений. Оказывается топ-рейтинг представлен в Рунете в 17,78 раза больше Третьяковской галереи. И это не удивительно, ведь сама Третьяковская галерея, возможно участвует не в одном топ-рейтинге Интернета.

По запросу «музей» 20.12.2013 Яндекс выдает 31 млн. ответов, из них 5 млн. изображений, по запросу «книга» – 134 млн. ответов, из них 20 млн. изображений, по запросу «СМИ» – 19 млн. ответов.

Приведенная статистика по поисковым запросам Яндекса в силу относительной релевантности носит условный характер и не расценивается нами на данном этапе исследования как объективная социологическая информация. Однако приведенные примеры демонстрируют в общих чертах коммуникационную значимость некоторых форм культуры, нашедших свое отражение в пространстве Интернета.

Обращает на себя внимание форма визуализации и ранжирования информации, релевантной пользовательским запросам в поисковых системах Интернета.

По мнению специалистов, «почти половина посетителей попадает на сайты по ссылкам поисковых систем»[68].

На сегодняшний день в Интернете огромное количество поисковых систем, классифицируемых в различных источниках по отдельным признакам. Наиболее распространенный прием ранжирования поисковиков по популярности: в данном случае имеется в виду количество переходов пользователей со страниц, генерируемых поисковыми системами.

На сайте www.search-word.ru представлена глобальная статистика на 20.02.2011:

«На первом месте с большим отрывом от преследователей оказался американский Google с 47% по опросам европейцев. На втором месте популярная поисковая система Yahoo с 18%. На третьем месте популярный поисковик www.bing.com с 12%. На четвертом месте поисковая система www.aol.com с 5%. На пятом американский поисковик eBay, собравший 3% запросов. На шестом месте поисковая система www.myway.com с 2%. На седьмом месте популярная поисковая система www.ask.com с 1.6%. На восьмом месте поисковая система search.netscape.com с 1.4%. На девятом месте поисковая система www.altavista.com с 1.3%. И замыкает десятку поисковая система www.dogpile.com с 1.2%. Остальные поисковики делят между собой 7.5%»[69].

По данным LiveInternet.ru на начало 2012 года распределение мест по

[68] Пирожкова Ю.И. Как сделать сайт дружественным для поисковых систем? / Путь к успеху [Электронный ресурс]. URL: http://uchilka-profi.ru/seo/poiskovyie-mashinyi (дата обращения 04.01.2014.).

[69] Поисковые системы Интернета [Электронный ресурс]. URL: http://search-world.ru/index.html#glav (дата обращения 04.01.2014.)

численности аудитории поисковиков Рунета: «1. Yandex.ru – приблизительно 51%; 2. Google.com – около 34 %; 3. Поиск Mail.ru – 9%; 4. Rambler.ru – чуть более 1%».

Более десяти лет Яндекс является самой популярной поисковой системой в России. «Была открыта 23 сентября 1997 года. На сегодняшний день Яндекс занимает лидирующие позиции в поисковом трафике Рунета. В своей базе данных эта поисковая система имеет 5,4 миллиона сайтов, 2,5 миллиардов страниц. Общий объём индекса равен 62 терабайтам»[70].

Что мы видим после ввода запроса в поисковую строку Яндекс или Google?

Ранжированный список ссылок, их количество на первой странице зависит от индивидуальных пользовательских настроек (10 по умолчанию). Размещение результатов поиска на первых страницах зависит, с одной стороны, от программных алгоритмов, отвечающих за релевантность выдачи, с другой – от популярности конкретных ссылок у пользователей.

Яндекс часто меняет свои алгоритмы[71]. Изменение алгоритмов приводит к изменениям в выдаче. Еще более изменчив и пользовательский интерес. Но форма выдачи результатов поиска не меняется: перед нами доска почета информационных ресурсов, где каждая выданная ссылка рассматривается как некий информационный портрет (идентификатор) ресурса. Триединство семиотических категорий почетного места, портрета и времени в рамках доски почета информационных ресурсов – наиболее транслируемая сегодня виртуальная форма культуры. При этом данная форма выступает как прием социализации информации, прием адаптации информационных ресурсов Интернета к пользовательским запросам.

На примере работы поисковых систем мы демонстрируем еще одно

---

[70] Поисковые системы Интернета: Там же.

[71] Поисковые системы Рунета. Наши поисковики / myseotalk.ru [Электронный ресурс] URL: http://www.myseotalk.ru/2009/01/poiskovye-sistemy-runeta-nashi-poiskoviki/ (дата обращения 04.01.2014.).

направление электронной эволюции доски почета в Интернете, обусловленное заинтересованностью владельцев различных Интернет-ресурсов в привлечении наибольшего числа пользователей. Доска почета первых страниц выдачи поисковых систем – результат конкурентной борьбы внутри сети и награда авторам популярного контента.

Дополнительные примеры последней модификации доски почета – топы Twitter, You Tube, Face book, Одноклассников, Mail.ru и пр.

Социальные сети в информационном пространстве Интернета на сегодняшний день приобретают статус явления массовой культуры. Мультимедийность контента, простота и многофункциональность интерфейса, возможность многоуровневой коммуникации (по А. В. Соколову: мини, миди, макро) социальных сетей выстраиваются по принципу привлечения массового пользователя с учетом поло-возрастных, профессиональных и др. особенностей потенциальной аудитории.

Обязательным элементом для всех социальных сетей является топ-рейтинг пользовательского контента, являющийся одним их проявлений формы доски почета. В топ-рейтинге участвуют фото и видео материалы, рисунки, тексты, пользовательский имидж, который учитывает как дизайн пользовательского профиля, так и активность в сети и другие разновидности контента. По существу весь пользовательский контент социальных сетей по усмотрению автора может участвовать в открытом состязании в популярности. Да и сами социальные сети зачастую становятся номинантами корпоративных и общественных топов.

Так по исследованиям Adobe на январь 2014 года по пользовательской популярности (подсчитывается число зарегистрированных пользователей) первое место занимает Facebook, которой в феврале исполнилось 10 лет. Число зарегистрированных в ней аккаунтов около 1,4 миллиардов. Далее Доска почета социальных сетей выглядит следующим образом: YouTube, Qzone, Twitter, Google+, LinkedIn и т. д. На восьмом месте отечественная сеть ВКонтакте, единственная из европейских вошедшая в десятку мировых лидеров[72].

«Всего в двадцати крупнейших соц. сетях мира зарегистрировано свыше 5,7 миллиарда аккаунтов. Три из топ-20 происходят из Китая, по одной - из России (ВКонтакте), Бразилии (Orkut) и Испании (Tuenti).

Наиболее старой соц. сетью рейтинга является Friendster, основанный в 2002 году (11 место, 115 миллионов пользователей), самой молодой - запущенный в 2013 году видео-сервис Vine от Twitter (15 место, 40 миллионов пользователей)»[73].

Помимо самих сайтов в различных топах участвуют тематические страницы, создаваемые в социальных сетях[74]. Составляются рейтинги популярных кинофильмов и мультфильмов, компьютерных игр, образовательных ресурсов и пр.

Отдельного внимания заслуживают рейтинговые исследования бренд-сообществ России, проведенные Интернет-магазином дизайнерских вещей и подарков ADME совместно с агентством Grape[75]. Где бренд понимается не узко, как торговая марка или клеймо продукта, но как символ направления потребительской активности. Эта активность проявляется не только в потреблении продукта, но и в обсуждении, в оценке качества, в организации и политике фанклубов отдельных брендов и пр.

В орбите исследования оказались наиболее популярные социальные сети России, список топов которых так же представляет собой разновидность Доски почета:

[72] Рейтинг соцсетей / ООО Корреспондент 2000-2014 [Электронный ресурс] URL: Http://korrespondent.net/business/web/3284321-reitynh-sotssetei-Facebook-pervyi-v-myre-a-vkontakte-v-evrope (дата обращения 01.07.2014)

[73] Рейтинг соцсетей: Там же.

[74] Топ 15 самых популярных страниц на Фейсбуке / Profacebook.ru 2010-2014 [Электронный ресурс] Url: Http://profacebook.ru/top-15-samykh-populyarnykh-stranits-na-feisbuke (дата обращения 01.07.2014)

[75] Самые популярные бренд-сообщества Росси / AdMe.ru 2003–2014 [Электронный ресурс] URL: http://www.adme.ru/internet/samye-populyarnye-brend-soobschestva-rossii-274955 (дата обращения 01.07.2014)

1) TOP Face book Pages

2) TOP Vkontakte Pages

3) TOP Livejournal communities

4) TOP Twitter accounts

5) TOP communities Мой Мир / TOP communities Одноклассники

6) TOP 30 Branded Apps on Vkontakte

Илья Лагутин на странице AdMe.ru дает следующее заключение эксперта: «Первое, что бросается в глаза после просмотра рейтинга – это то, что пока большинство приложений представляют собой либо площадку для конкурса, либо простую механику распространения брендированного контента – открыток и аватарок. Тем не менее, появляются приложения с более сложной игровой механикой, обладающей потенциалом надолго удерживать внимание пользователей. Например, Red Quest и Shop Подружки. В ближайшем будущем подобных проектов станет больше и они будут использоваться для долгосрочного взаимодействия с потребителем, регулярно обновляясь и развиваясь, объединяя сотни тысяч пользователей. Все больше брендов используют приложения как инструмент продвижения, и в 2011 году, скорее всего, появится брендированное приложение, число установок которого превысит 1 000 000»[76].

Эксперт подчеркивает основную тенденцию развития интерактивных приложений игрового характера как инструмента продвижения товаров и услуг, которая заключается в наращивании потенциала, надолго удерживающего внимание пользователей. Ведущим игровым приемом в наиболее популярных бренд-стимуляторах является накопление пользователем призовых баллов или собственного рейтинга (так же измеряемого баллами), для обмена бонусов на призы организаторов.

---

[76] Самые популярные бренд-сообщества Росси: Там же.

Результаты исследований AdMe.ru публикуются в таблице типа:

№	Название	Количество участников
1	Исполнение желаний (Сбербанк)	713 066
2	RedQuest (МТС)	694 612

– и т. д. до № 30. После чего акцентируется внимание на интерактивных приемах удерживания пользовательской аудитории в рамках контента. Опубликованная AdMe таблица так же представляет своего рода доску почета.

Доска почета как форма культуры в Интернете не только транслируется, но и активно используется как катализатор пользовательской активности, как инструмент влияния на сознание и подсознание интернет-пользователя, как инструмент ранжирования и классификации информации, как инструмент инкультурации и социализации индивида и отдельных социальных групп.

В результате исследования мы можем сформулировать ряд общих положений, обобщающих выводы предыдущих разделов работы:

1. Доска почета является формой социальной коммуникации, эволюционно развивающейся в процессе совершенствования коммуникационных технологий.

2. Доска почета представляет собой средство трансляции социокультурного опыта.

3. Доска почета используется как механизм стимулирования и управления в сфере социальных отношений, в том числе в производстве, в переработке и в использовании товаров массового потребления, информации и ценностных ориентаций личности.

4. Доска почета представляет собой средство социализации и инкультурации личности.

5. В свете интенсивного развития телекоммуникационных технологий, доска почета может быть использована в качестве рычага управление социокультурными процессами.

Доска почета как форма культуры отражает непрерывный социокультурный процесс символизации успеха.

Заключение

В основе нашего исследования лежит понятие культурной формы Георга Зиммеля. Рассматривая изменение форм культуры[77], философ констатирует трансформацию форм в художественном творчестве, в религии, в философии в конце XIX века. При этом он не дает прямого определения. Понятие автора выстраивается контекстно. Не зря автор вводит читателя в круг проблематики, отталкиваясь от марксистского применения гегелевской диалектики к хозяйственной жизни: «Марксова схема экономического развития, согласно которой в каждый исторический период экономические силы создают соразмерную им форму производства, в рамках которой они, однако, разрастаются до такой степени, что в ней уже не умещаются, но взрывают ее и создают новую форму, – эта схема далеко выходит за пределы одной лишь хозяйственной области. Между текущей вперед, распространяющейся со все большей энергией жизнью и застывшими в тождестве формами ее исторического выражения неизбежен конфликт. Он проходит сквозь всю историю культуры, хотя зачастую остается неявным. Но в настоящее время он видится мне разворачивающимся в большом числе культурных форм»[78]. Здесь Зиммель фиксирует многочисленность культурных форм. А пример отдельной культурной формы мы обнаруживаем в предыдущей главе[79].

Разграничивая понятия природы и культуры, философ указывает на границы культурной формы на примере культивированной груши: «Дикая груша приносит деревянистые и горькие плоды. Тут завершается ее развитие в условиях дикости. В этот момент вмешиваются человеческие воля и интеллект, они приводят различными воздействиями к тому, что дерево производит съедобные груши. Эти воздействия «культивируют» дерево…[разрядка наша]… Когда из древесного ствола делается парусная мачта, то это, конечно, также

---

[77] Зиммель Г. Избранное: Том первый. Философия культуры: пер. с нем. / Г.Зиммель. – М: Юристъ, 1996. – 671с; С 482-488.

[78] Зиммель Г: Там же, С 482.

[79] Зиммель Г: Там же, С 475-482.

работа в рамках культуры, но никак не «культивирование» ствола, поскольку работа судостроителя создает форму, которая не принадлежит к собственным сущностным тенденциям дерева»[80].

Разграничение и взаимосвязь понятий формы культуры и культурного артефакта уточняет заложенное Г. Зиммелем понимание.

Со слов А. Я. Флиера[81], культурный артефакт создается и реконструируется в постоянно меняющихся условиях при обстоятельствах, никогда не бывающих идентичными тем, при которых возникла исходная культурная форма. Исходная культурная форма понимается как некий образец, абстрактный образ. А всякий культурный артефакт воспроизводит ее вариативно настолько, насколько условия его реализации отличаются от условий генезиса формы.

Отдельной статьей в том же источнике А. Я. Флиер определяет культурную форму как «совокупность наблюдаемых признаков и черт всякого культурного объекта (явления), отражающих его утилитарные и символические функции, на основании которых производится его идентификация и атрибуция»[82].

Важнейшим подмеченным Г. Зиммелем свойством культурной формы мы выделяем процессуальный характер: на протяжении исторического времени любая форма культуры эволюционирует, культивируется, что и проявляется в постоянно меняющихся условиях реконструкции культурных артефактов. Благодаря отмеченному свойству мы можем индуктивным путем получить представление о культурной форме из общих свойств и функций отдельных артефактов и, одновременно, дедуктивно уточнять роль отдельных культурных артефактов в истории, опираясь на обще системные свойства.

---

[80] Зиммель Г: Там же, С 475-476.

[81] Флиер, А Я. Высшая школа культурологи – Культурологический словарь: Форма культурная // Библиотека Гумер – культурология [Электронный ресурс] URL: http://www.gumer.info/bibliotek_Buks/Culture/CultDic/24.php (дата обращения 15.02.2014).

[82] Флиер, А Я. Там же URL: http://www.gumer.info/bibliotek_ Buks/Culture/CultDic/24.php (дата обращения 15.02.2014)

В нашем случае доска почета как культурная форма культивировалась (эволюционировала), воссоздавая некий идеал личностной самореализации в рамках социализации индивида, предполагая социальный отбор личностных качеств в направлении эволюционного развития социальных отношений. На некотором этапе своей эволюции, доска почета расширяет сферу своего влияния не только на ценности личностного роста, но и на ценности других форм культуры, влияющих на эволюционное развитие социальных отношений. И, наконец, механизм доски почета, как формы культуры, оказывается наиболее рентабельным в сфере выборки наиболее социально значимой информации, влияющей на эволюционное развитие социальных отношений.

Мы определяем доску почета как форму культуры, форму визуализации и публикации общественного признания социальной группой заслуг отдельной личности (отдельного культурного артефакта) перед данной группой и (или) перед более широкой общественностью в ряду с ограниченным кругом лиц (ограниченным кругом артефактов).

В информативном плане доска почета обязательно обнародует сведения о победе (личном достижении) указанных на ней лиц (учреждений, товаров или информации) в некотором общественном соревновании. И, как следствие, обнародование имен номинантов доски почета носит характер общественной награды и морального поощрения конкретных лиц (учреждений, товаров или информации) за их заслуги перед обществом. В этой связи дополнительные материальные награды, поощрения и иные выгоды номинантов доски почета носят второстепенный символический характер.

Г. Зиммель отмечает, что культурная форма может не только эволюционировать, но и трансформироваться в иную форму. Философ полагает разграничение этих процессов в различии способов и результатов использования культурной формы. По существу, мы можем говорить об отдельных артефактах отдельной культурной формы при наличии общих существенных идентификационных признаков, а в противоположном случае, при наличии существенных различий, мы можем констатировать трансформацию исходной культурной формы в новую, в иную.

Рассматривая в разных аспектах существование доски почета как формы культуры, мы последовательно конструируем абстрактный концепт рассматриваемой формы, пытаясь определить его границы, функции, структуру и свойства.

Границы рассматриваемой формы культуры определяются путем сравнения доски почета с родственными ей формами, такими как: мемориал, мемориальная доска, книга почета, почетное звание, доска позора, – а так же уточнения структурного содержания рассматриваемой формы как знака.

Как знак доска почета сформировалась из исторически сложившихся семиотических категорий *почетного места*, *портрета* и *времени*, которые в рамках изучаемого предмета имеют свою специфику, раскрытую в данной работе. Семиотическая структура доски почета продолжает развиваться в настоящее время путем эволюции перечисленных выше структурных элементов.

Почетное место как структурный элемент доски почета является абстрактной семиотической категорией культуры, позиционирующей социально поощряемый комплекс ценностных ориентаций индивида в его повседневной деятельности. Одновременно почетное место является пространственным символом успеха личности или культурного артефакта его занимающего.

Портрет как структурный элемент доски почета является абстрактной семиотической категорией культуры, позиционирующей преимущественное положение исторической персоны или культурного артефакта в ряду таких же персон или родственных по своему содержанию объектов (артефактов). Портрет так же является примером символизации успеха.

Время как структурный элемент доски почета с одной стороны представляет собой ограниченный временной промежуток, на протяжении которого представленные на почетном месте портреты свидетельствуют о победе (успехе) идентифицированных по портретам лиц (или артефактов) в некотором общественном состязании. Если это состязание имеет свою временную периодику, то актуальность контента доски почета находится в зависимости от условий состязания. Одновременно любое конкретное воплощение культурной формы доски почета в своем контенте содержит некоторые характеристики исторического социокультурного времени. В этом аспекте контент-анализ различных досок почета может представлять интерес как в плане ретроспективы социокультурного времени, так и в плане прогнозирования и проектирования социокультурных процессов. Основным процессом, тенденция которого раскрывается в рамках прочтения семиотического содержания доски почета, является процесс символизации успеха. От того, что символизирует успех в изучаемый промежуток времени, и зависит общая характеристика исторического промежутка. А эта характеристика, в свою очередь, благодаря раскрытию общих тенденций развития, позволяет реконструировать более отдаленные исторические промежутки или прогнозировать будущее.

Коммуникационный потенциал доски почета как формы культуры раскрывается в культурно-историческом и социально-культурном аспектах.

Первый аспект раскрывает нам перспективы проникновения сквозь историческое время в детали повседневности минувших эпох, позволяя опереться на изученные структурные особенности доски почета как формы культуры.

Второй аспект позволяет нам опереться на возможности доски почета как механизма управления социокультурными процессами. Так, к примеру, форма доски почета позволяет выявлять, прогнозировать, проектировать и транслировать личностные ценностные ориентиры, используемые в процессе социализации индивидом, т. е. контролировать и направлять эволюцию общественных отношений путем формирования и трансляции ценностей личностного роста.

Мы так же рассмотрели процесс социализации личности в качестве свойства и функции культуры как глобальной информационной системы и обозначили ведущее направление эволюции доски почета в рамках этого процесса.

Доска почета, обогащенная возможностью непосредственной обратной коммуникации (топ-рейтинг), включает в процесс социализации не только индивида, чья автохтонная культура базируется на схожих ценностных ориентациях, но и представителя иной культуры, путем предоставления иному возможности пропаганды собственных ценностей. Если первичный тип доски почета был замкнут в рамках локальной культуры, то новый тип, обогащенный опытом СМИ и социальных сетей Интернета, открыт для интеграции представителей различных локальных культур.

Рассмотрев отдельные тенденции развития доски почета в виртуальной среде Интернета, мы выделяем ряд наиболее общих свойств изучаемой культурной формы:

1. Доска почета является формой социальной коммуникации, эволюционно развивающейся в процессе совершенствования коммуникационных технологий.

2. Доска почета представляет собой средство трансляции социокультурного опыта.

3. Доска почета может использоваться как механизм стимулирования и управления в сфере социальных отношений, в том числе в производстве, в переработке и в использовании товаров массового потребления, информации и ценностных ориентаций личности.

4. Доска почета может представлять собой средство социализации и инкультурации личности.

5. В свете интенсивного развития телекоммуникационных технологий, доска почета может быть использована в качестве рычага управление

социокультурными процессами путем формирования символики успешной деятельности.

В целом структура и свойства описанной формы культуры позволяют нам утверждать, что ведущей функцией доски почета в глобальной культурной системе является интеграция в общекультурное пространство не только идентифицируемых с ее помощью лиц (информации или артефактов), но, прежде всего, лиц, вовлеченных в процесс идентификации, в процесс прочтения представленного семиотического содержания. Благодаря взаимно дополняемому единству трех семиотических элементов доска почета является активным механизмом управления обыденным сознанием индивида в рамках его социализации.

Основной социокультурный процесс, отражающийся в рассмотренной нами культурной форме и стимулируемый ею, – процесс символизации успеха, как в рамках социализации личности, так и в рамках определения или выделения успешности различных продуктов потребления, включая информацию и любые культурные артефакты.

Описанные свойства и функции культурной формы доски почета требуют дальнейшего изучения. Целесообразно поэтапно рассмотреть наш предмет с позиций различных культурологических подходов.

Генетический подход позволяет более детально рассмотреть доску почета с позиции ее возникновения и развития, начиная с трансформации традиционных для культур многих народов форм коммуникации в рамках ритуала.

Сравнительный анализ особенностей артефактов доски почета и ее структурных элементов различных исторических эпох позволит по-новому увидеть причинно-следственные связи исторических событий.

Синтез методов компаративного и генетического подходов позволит воссоздать, к примеру, линию эволюции доски почета от эллинской традиции награждать победителей олимпиад воздвижением их скульптурных портретов в общественных местах до распространения в европейской массовой культуре феномена «топа» (top) или *Hall Of Fame* (Зала Славы). Позволит иначе взглянуть на результаты рыцарских турниров средневековья и на культуроформирующее значение накопления артефактов божественного присутствия в средневековых монастырях Европы.

Системный и структурно-функциональный подходы позволяют усмотреть в эволюции доски почета некоторые обще системные закономерности развития форм культуры, шире раскрывают представления о культуре как феномене общественного бытия.

Синтез аксиологического, деятельностного и просветительского подходов позволяет теоретически смоделировать и реализовать на практике модель доски почета как фактора интенсификации культуроформирующих процессов, и, следовательно, сконструировать мощный рычаг управления в отрасли культурной политики.

В настоящей работе мы определили некоторые направления исследования феномена доски почета с позиций фундаментальной и прикладной культурологии. Дальнейшее изучение предмета нашего внимания представляется интересным как в теоретическом, так и в практическом аспектах.

Расширение представлений о культуре часто сопровождается развитием механизмов управления ею. И затронутая нами предметная область является примером возможного синтеза фундаментальных теоретических знаний с практикой социокультурного строительства в сфере развития новейших информационных и коммуникационных технологий.

Социокультурный процесс символизации успеха сопровождает генезис культуры и общества с древнейших времен в истории человечества. И доска почета – лишь один из примеров его отражения.

С одной стороны, успех – абстрактная идеальная ценностная, а, следовательно, относительная, категория культуры, формирующаяся в рамках социальной практики личности, групп или масс общества. С другой, символизация успеха – процесс непрерывный и непреходящий.

На успех направлена любая человеческая деятельность. Отсутствие успеха в деятельности означает поражение, которое может граничить с гибелью индивида или общества. Достижение же успеха наполняет человеческую жизнь смыслом, стимулирует неоднократное повторение видов и технологий успешной деятельности, формирует необходимость в передачи успешного опыта, закрепляемого как в социальных практиках, так и в символах успеха.

Дихотомия успеха и поражения – особая общечеловеческая константа, пронизывающая культуры всех народов, всех культурно-исторических эпох. Необходимость повторения успешного социального опыта в рамках борьбы за выживание мотивирует его отражение в мифологии, в героическом эпосе и в малых устных литературных формах разных народов, в живописи, в скульптуре, в монументальной архитектуре. Единые символы успеха сплачивают и консолидируют общество, как перед общей угрозой, так и в свете ценности завтрашнего дня. Множественность и противоречивость символов успеха расслаивают общество на группы, обостряют социальные отношения, порождают конфликты, которые приводят либо к выработке общих позиций, либо к столкновению интересов и борьбе до победы, до успеха.

Личностная ориентация индивида на успех в любой деятельности интенсивно эксплуатируется в современной культуре маркетологами при мотивации потребительского спроса, полит-технологами при стимулировании общественной активности, священнослужителями в просвещении паствы, педагогами при осуществлении образовательной деятельности и т. д. Сам успех, символы успеха и процесс его символизации являются факторами социализации и инкультурации личности, непременным условием социальной коммуникации и самоорганизации общества.

В конечном итоге складывающаяся современная глобальная культура человечества направляется символами успеха, владеющими людскими умами. Анализ символики успеха и символизации успеха как социокультурного процесса, как постоянно развивающейся социальной практики, позволяет предвидеть, прогнозировать и проектировать тенденции социального развития.

На наш взгляд, современное состояние культурологии, позволяет говорить о широком потенциале ее прикладной отрасли в области проектирования внутренней и внешней государственной политики путем внедрения научно обоснованных технологий управления социальной коммуникацией. И доска почета как форма общественного признания социального успеха, как ретранслятор динамически изменчивых ценностных ориентаций, как мотиватор общественной активности, как средство ранжирования социально значимой информации может продуктивно использоваться для поступательного эволюционного развития социальных отношений.

Список использованных источников и литературы

1. Абдуллаева, Р Г. Проблема художественного стиля в информационной культуре [Текст] / Р Г Абдуллаева. – Баку: Элм, 2003. – 256 с.

2. Авербух, Н В. Психологические аспекты феномена присутствия в виртуальной среде [Текст] // Вопросы психологии. – 2010. – №5. С. 105-113.

3. Аверинцев, С С. Культурология Йохана Хейзинги [Текст] // Вопросы философии. – 1969. – №3. – С. 169-174.

4. Администрация Президента и Правительства Удмуртской Республики. Награды – Удмуртская Республика [Электронный ресурс] Url: http://www.udmurt.ru/region/doska/ (дата обращения 05.01.2014.).

5. Акчурин, А В. Организационно-правовые основы стимулирования служебной деятельности сотрудников уголовно-исполнительной системы [Текст] : дисс. канд. юр. Наук / А В Акчурин. – Рязань, 2006. – 226 с.

6. Акимова, А М. Деятельность Коммунистической партии Казахстана по дальнейшему развитию легкой и пищевой промышленности республики в годы девятой пятилетки [Текст] : 1971-1975 гг.: дис. канд. ист. наук / А М Акимова. – Алма-Ата, 1985. – 186 с.

7. Алисултанов, А С. Редупликация в лезгинских языках [Текст] : дис. д-ра филологич. наук. / А С Алисултанов. – Махачкала, 2012. – 269 с.

8. Алкин, В А. Феномен игры в обществе: социально-философский анализ [Текст] : автореф. дис. канд. филос. наук / В А Алкин – Новочеркасск, 2003. – 27 с.

9. Андреевский, Г В. Повседневная жизнь Москвы в сталинскую эпоху. 1930-1940 годы // Библиотека Гуммер: история [Электронный ресурс]. – URL: http://www.gumer.info/bibliotek_Buks/History/andr_povsg/08.php (дата обращения: 16.11.2013).

10. Арнхейм, Р. Искусство и визуальное восприятие [Текст] / Р Арнхейм; сокр. пер. с англ. В Н Самохина; общ. ред. и вступит. ст. В П Шестакова. – М: Прогресс, 1974. – 392 с.

11. Артемьев, Ю И. Природа – форма – драматургия [Текст] / Ю И Артемьев // Число и мысль. Вып. 7: сб. науч. ст. / сост. В М Петров. – М: Знание, 1984. – С. 85-102

12. Афанасьева, В К. Шумерская культура. История древнего мира: электронный ресурс. 2012-2013 URL: http://labyrinthos.ru/text/afanaseva_shumerskaya-kultura.html (дата обращения 10.12.2013).

13. Афасижев, М Н. Теория информации и актуальные проблемы современного искусствознания [Текст] / М Н Афасижев // Проблемы информационной культуры. Вып.2.: Информационный подход и искусствознание: сб. науч. ст. / науч. ред. И И Горлова, В М Петров, Ю Н Рагс. – М; Краснодар: Краснодар. гос. акад. культуры, 1995. – С. 7-14.

14. Бакуменко, Г В. Доска почета: определение предмета исследования // SCI-ARTICLE. – Ноябрь 2013. - № - 3 [Электронный ресурс]. URL: http://sci-article.ru/stat.php? i=doska_pocheta:_opredelenie_predmeta_issledovaniya (дата обращения 19.01.2014).

15. Бакуменко, Г В. Коммуникационный потенциал Доски почета как формы культуры // Культура и образование. – Январь 2013. - № -7 [Электронный ресурс]. URL: http://vestnik-rzi.ru/2014/01/1181 (дата обращения: 10.02.2014).

16. Бакуменко, Г В. Современные формы Доски почета в Интернете: о правах личности на моральное поощрение [Текст] // Сборник докладов по материалам межвузовской студенческой научной конференции, посвященной 20-летию принятия Конституции РФ 1993 года. – Армавир, 2014. – С. 172-175.

17. Бахтин, М М. Творчество Франсуа Рабле и народная культура Средневековья и Ренессанса [Текст] / М М Бахтин. – М: Художественная литература, 1965. – 527 с.

18. Бахтин, М М. Вопросы литературы и эстетики [Текст] / М М Бахтин. – М: Художественная литература, 1975. – 502 с.

19. Бриллюэн, Л. Наука и теория информации [Текст] / Л Бриллюэн. –
М: Физматиз, 1960. – 392 с.

20. Буева, Л П. Социокультурный опыт и механизмы его усвоения
[Текст] // Общественные науки. – 1985. – №3 – С. 84-98.

21. Буров, В Г. Китай и китайцы глазами российского ученого [Текст] /
В Г Буров. – М, ИФ РАН, 2000. – 206 с., С.56.

22. Буров, В. Г. Красный – значит счастливый // Китайские секреты
[Электронный ресурс] URL: http://chinasecrets.ru/everyday/lifestyle/5-
redmeansblessed (дата обращения 12.02.2014).

23. Быховская, И М, Флиер, А Я. Коммуникация социокультурная /
Высшая школа культурологи – Культурологический словарь / Библиотека Гумер
– культурология [Электронный ресурс] URL:
Http://www.gumer.info/bibliotek_Buks/Culture/CultDic/5.php (дата обращения:
12.01.2014.).

24. Валерии, П. Об искусстве [Текст] / П Валери; пер. с франц., авт.-
сост. В М Козовой. – М: Искусство, 1976. – 622 с.

25. Веревкин, В В. Награды за трудовые достижения в СССР, история
учреждения орденов, медалей и знаков отличия и их значение как
исторического источника : 1920 – июнь 1941 гг [Текст] : дис. канд. ист. наук / В
В Веревкин. – Киев, 1982. – 290 с.

26. Виноградов, А В. Игровые технологии как средство развития
творческих способностей старших подростков: на примере
полихудожественного досугового объединения [Текст] : автореф. дис. канд. пед.
наук / А В Виноградов. – Екатеринбург, 2002. – 17 с.

27. Владимиров, В А. Деятельность Компартии Белоруссии по
совершенствованию системы партийного образования и повышения его роли в
идейно-политическом воспитании коммунистов и беспартийного актива: 1971-
1975 гг [Текст] : дис. канд. ист. наук / В А Владимиров. – Минск, 1984. – 214 с.

28. Воронцова-Юрьева, Н. СССР. Доска почета // Live Journal

[Электронный ресурс]. – URL: http://vorontsova-nvu.livejournal.com/421757.html (дата обращения: 16.11.2013).

29. Выготский, Л С. Игра и её роль в психическом развитии ребенка [Текст] // Вопросы психологии. – 1966. – №6. – С. 62-76.

30. Выготский, Л С. Воображение и творчество в детском возрасте: Психологический очерк [Текст] / Л С Выготский. – 2-е изд. – М: Просвещение, 1967. – 93 с.

31. Выготский, Л С. Психология искусства [Текст] / Л С Выготский. – 3-е изд. – М: Искусство, 1986. – 573 с.

32. Вяничева, Т В. Субстантив-субстантивная синлексика современного русского языка [Текст] : дис. канд. филологич. наук / Т В Вяничева. – Томск, 2000. – 344 с.

33. Гавров, С Н. Образование в процессе социализации личности [Текст] / С Н Гавров, Н Д Никандров // Вестник университета Российской академии образования. – М, 2008. - № 5(43). – С. 21.

34. Гадамер, Х-Г. Актуальность прекрасного: пер. с нем. [Текст] / Х-Г Гадамер. – М: Искусство, 1991. – 367 с.

35. Гессе, Г. Избранное: пер. с нем. [Текст] / Г Гессе. – М: Гудьял-Пресс, 1990. – 656 с.

36. Гинзбург, М Р. Доска почета: гипнотерапевтическая техника для укрепления чувства собственной ценности [Текст] // Консультативная психология и психотерапия. – 2002. – №3. – С. 154-158.

37. Гимназия №18 города Краснодара // День матери [Электронный ресурс]. – URL: http://www.school18.kubannet.ru/doska_pocheta.htm (дата обращения: 12.12.2013.).

38. Глава Великоустюгского муниципального района: Прстановление от 7.02.2011 г №7 Об утверждении положения о Доске почета // Региональное законодательство [Электронный ресурс]. – URL: http://www.regionz.ru/index.php?ds=1137264 (дата обращения: 10.12.2013.).

39. Глава – Толковый словарь Даля – Яндекс. Словари: [электронный ресурс] 2001-2013. URL: Http://slovari.yandex.ru/~книги/Толковый словарь Даля/ГЛАВА/ (дата обращения 10.12.2013).

40. Главный – Толковый словарь Ушакова – Словари – Словопедия: электронный ресурс. 2007-2013 URL: http://www.slovopedia.com/3/195/781093.html (дата обращения 10.12.2013).

41. Глухова, Е М. Строительство Сталинградской ГЭС: комплектование кадрами, организация труда и быта [Текст] : дис. канд. ист. наук / Е М Глухова. – Волгоград, 2007. 246 с.

42. Голицын, Г А. Информатика – логика – поэзия [Текст] / Г А Голицын // Число и мысль. Вып. 7: сб. науч. ст. / сост. В М Петров. – М: Знание, 1984. – С. 9-32.

43. Голицын, Г А. Параболический закон и восприятие искусства [Текст] / Г А Голицын // Проблемы информационной культуры. Вып.2: Информационный подход и искусствознание: сб. науч. ст. / науч. ред. И И Горлова, В М Петров, Ю Н Рагс. – М; Краснодар: Краснодар. гос. акад. Культуры, 1995. – С. 114-125.

44. Голицын, Г А. Информация и творчество: на пути к интегральной культуре [Текст] / Г А Голицын. – М: Русский мир, 1997. – 304 с.

45. Голицын, Г А. Рефлексия и структура системы «Культура» [Текст] / Г А Голицын // Проблемы информационной культуры. Вып.6: Методология и организация информационно-культурологических исследований: сб. науч. ст. / науч. ред. Ю С Зубов, В А Фокеев. – М; Магнитогорск: Междунар. акад. информатизации, 1997а. – С. 18-33.

46. Голицын, Г А. Искусство «высокое» и «низкое»: системная роль элитарной культуры [Текст] / Г А Голицын // Творчество в искусстве – искусство творчества: колектив. монография / науч. ред. Л Дорфман, К Мартиндейл, В Петров и др. – М: Наука – Смысл, 2000. – С. 245-264.

47. Голицын, Г А. Социальная и культурная динамика: долговременные

тенденции: информационный подход [Текст] / Г А Голицын, В М Петров. – М: КомКнига / URSS, 2005. – 272 с.

48. Голицын, Г А. Информация и биологические принципы оптимальности. Гармония и алгебра живого [Текст] / Г А Голицын, В М Петров. – 2-е изд. – М: КомКнига / URSS, 2005a. – 128 с.

49. Голицын, Г А. Информация. Поведение. Язык. Творчество [Текст] / Г А Голицын, В М Петров. – 2-е изд. – М: Изд-во ЛКИ / URSS, 2007. – 224 с.

50. Горлова, И И. Культурная политика в современной России: региональный аспект: учебное пособие [Текст] / И И Горлова. – Краснодар, 1998. – 319 с.

51. Горлова, И И. Культурология: учебное пособие [Текст] / И И Горлова. – 2-е изд. перераб. и доп. – Краснодар: Краснодарский гос. ун-т культуры и искусств, 2009. – 398 с.

52. Горлова, И И. Общество, культура, образование в современной России: проблемы и перспективы взаимодействия [Текст] // Культура. Наука. Образование: сб. науч. ст. / отв. ред. И И Горлова; ред. колл. Т В Коваленко, Н Н Мусина. – Краснодар: Краснодарский гос. ун-т к-ры и ис-в, 2010. – С. 7-15. (Ученые записки кафедры теории и ист. к-ры Краснодарского гос. ун-та к-ры и ис-в. Вып. 1).

53. Горлова, И И. Художественная культура и художественное образование [Текст] : учебное пособие / И И Горлова. – Краснодар: Краснодарский гос. ун-т к-ры и ис-в, 2001. – 256 с.

54. Губанова, М А. Формообразования духовной культуры : Общая природа и российские особенности [Текст] : дис. канд. филос. наук : 09.00.13 / М А Губанова. – Ставрополь, 2012. – 168 с.

55. Гумилев, Л Н. Этногенез и биосфера Земли [Текст] / Л Н Гумилев. – Л: Гидрометеоиздат, 1990. – 528 с.

56. Гумилев, Л Н. Этносфера. История людей и история природы [Текст] / Л Н Гумилев. – М: Экопрос, 1993. – 543 с.

57. Гуревич, А Я. Проблема ментальности в современной историографии [Текст] // Всеобщая история: дискуссии, новые подходы. Вып.1. – М: Наука, 1989. – С. 75-89.

58. Гуревич, П С. Культурология [Текст] : учебник / П С Гуревич. – 3-е изд. – М: Гардарики, 1999. – 288 с.

59. Гуревич, П. Культурология – электронная библиотека истории культуры // Библиотека Гумер – гуманитарные науки [Электронный ресурс]. – URL: http://www.gumer.info/bibliotek_Buks/Culture/gur_kult/01.php (дата обращения: 14.12.2013.).

60. Даль, В И. Толковый словарь русского языка: Современная версия [Текст] / В И Даль. – М, 2002. – 736 с.

61. Данилевский, Н Я. Россия и Европа [Текст] / Н Я Данилевский. – М: Книга, 1991. – 537 с.

62. Данилин, А М. Трансформация организационной культуры промышленного предприятия в постсоветский период [Текст] : дис. канд. соц. наук / А М Данилин. – СПб, 2007. – 183 с.

63. Данилов, М В. Партии в политическом пространстве современной России [Текст] : дис. канд. полит. наук / М В Данилов. – Саратов, 2003. – 210 с.

64. Денисов, Н Г. Поликультурное образование на юге России: инновационная стратегия [Текст] // Культура. Наука. Образование: сб. науч. ст. / отв. ред. И И Горлова; ред. колл. Т В Коваленко, Н Н Мусина. – Краснодар: Краснодарский гос. ун-т к-ры и ис-в, 2010. – С. 113-123. (Ученые записки кафедры теории и ист. к-ры Краснодарского гос. ун-та к-ры и ис-в. Вып. 1).

65. Джентиле, Дж. Избранные философские произведения. Т. 5: Реформа воспитания. Формы воспитания [Текст] / пер. с итал., вступ. ст., коммент., указатель имен А Л Зорин. – Краснодар: 2011. – 208 с.

66. Дигтярь, П А. Деятельность Коммунистической партии по ускорению научно-технического прогресса в годы девятой пятилетки: на материалах партийных организаций предприятий машиностроения и

металлообработки Украинской ССР [Текст] : дис. канд. ист. наук / П А Дигтярь. – Киев, 1984. – 249 с.

67. Доска почета / Библиотека DJVU, 2013 – БСЭ. [Электронный ресурс]. – URL: http://bse.sci-lib.com/article032557.html (дата обращения: 10.12.2013.).

68. Доска почета школьников // Средняя общеобразовательная школа №1 МО Сортавалла [Электронный ресурс]. – URL: http://10417s1.edusite.ru/p26aa1.html (дата обращения: 23.12.2013.).

69. Древнейшее изображение фараона обнаружено в Египте: // Вести: интернет-газета ("VESTI.RU"). 2001-2013 / Вып. от 10.01.2013 [Электронный ресурс] URL: http://www.vesti.ru/doc.html?id=1001787&cid=2161 (дата обращения 10.12.2013).

70. Дриккер, А С. Эволюция культуры: информационный отбор [Текст] / А С Дриккер. – СПб: Академический проект, 2000. – 184 с.

71. Елинер, И Г. Развитие мультимедийной культуры в информационном обществе [Текст] : автореф. дис. д-ра культурологи / И Г Елинер. – СПб, 2010. – 34 с.

72. Запесоцкий, А С. Трансформация культуры: производство смыслов и управление информационными потоками [Текст] // Вопросы философии. – 2010. – №5. – С. 166-171.

73. Зиммель, Г. Избранное: Том первый. Философия культуры: пер. с нем. [Текст] / Г Зиммель. – М: Юристъ, 1996. – 671 с.

74. Зиятов, К. Деятельность Компартии Узбекистана по повышению роли средств пропаганды и массовой информации в интернациональном воспитании трудящихся в годы Великой Отечественной войны: 1941-1945 гг [Текст] : дис. канд. ист. наук / К Зиятов. – Ташкент, 1984. – 190 с.

75. Зубов, И И. Деятельность Компартии Белоруссии по развитию производственной активности тружеников села в условиях зрелого социализма [Текст] : дис. д-р. ист. наук / И И Зубов. – Минск, 1984. – 437 с.

76. Иконникова, С Н. Диалог о культуре [Текст] / С Н Иконникова. – Л: Лениздат, 1987. – 205 с

77. Ильина, Т В. История искусств. Западноевропейское искусство [Текст] / Т В Ильина. – М: Высшая Школа, 2000. – 368 с.

78. Илья Бараникас: Доска почета олигархов // Огонек – 2008 – №52 [Электронный ресурс]. – URL: http://www.ogoniok.com/archive/2003/4827/48-18-19/ (дата обращения: 16.01.2014.).

79. Интерстронг / Доска почета учителей России [Электронный ресурс] URL: http://xn--80aakfxxchpp7c.xn--e1afbansnjaej2cyg.xn--p1ai/ (дата обращения: 14.01.2014).

80. Каган, М С. Морфология искусства: историко-теоретическое исследование внутреннего строения мира искусства [Текст] / М С Каган. – М; Л: Наука, 1972. – 440 с.

81. Канарский, Д И. Успех как механизм конституирования социальной реальности : Социально-философский анализ [Текст] : дис. канд. филос. наук : 09.00.11. – Хабаровск, 2000. – 151 с.: ил.

82. Китай. Шанхай, Ханчжоу, Гуанчжоу, заводы сварочного оборудования // Записки странствующего слесаря [Электронный ресурс]. – URL: http://www.udarnik-truda.ru/puteshestviya/china-2010/china-2010.htm (дата обращения: 12.12.2013.).

83. Ключников, С Ю. Философия успеха : гносеологический анализ [Текст] : дис. канд. филос. наук : 09.00.01 / С Ю Ключников. – М, 2003. – 145 с.

84. Коваленко, Т В. Эволюция интенсивности художественной жизни: театр и драматургия России и Западной Европы: XV-XX века [Текст] : автореф. дис. канд. филос. наук / Т В Коваленко. – Краснодар: 2007. – 23 с.

85. Коваленко, Т В. Эволюция театральной жизни: Опыт информационно-культурологического осмысления [Текст] / Т В Коваленко; предисл. В М Петров. – М: Книжный дом ЛИБРОКОМ, 2012. – 248 с.

86. Красный – Толковый словарь Даля – Яндекс. Словари: электронный

ресурс. 2001-2013. URL: Http://slovari.yandex.ru/~книги/Толковый словарь Даля/КРАСНЫЙ/ (дата обращения 10.12.2013).

87. КРАСНЫЙ – Толковый словарь Ушакова – Словари – Словопедия: электронный ресурс. 2007-2013 URL: http://www.slovopedia.com/3/202/795322.html (дата обращения 10.12.2013).

88. Крёбер, А Л. Конфигурации культурного роста: пер. с англ. / А Л Крёбер [Текст] // Избранное: Природа культуры. – М: РОССПЕН, 2004. – С. 7-800.

89. Крёбер, А Л. Стиль и цивилизации: пер. с англ. [Текст] / А Л Крёбер // Избранное: Природа культуры. – М: РОССПЕН, 2004а. – С. 801-928.

90. Кун, Т. Структура научных революций: пер. с англ. [Текст] / Т Кун. – М: Прогресс, 1975. – 288 с.

91. Лебединцева, Е С. Внедрение внутриорганизационного маркетинга на предприятиях потребительской кооперации [Текст] : дис. канд. эконом. наук / Е С Лебединцева. – Киров, 2009. – 193 с.

92. Леоненко, П М. Экономическая история [Текст] : учеб. / П М Леоненко, П И Юхименко. – М: Знания-Пресс, 2004. – 499 с.

93. Лидов, А М. Иконостас: происхождение, развитие, символика [Текст] / А М Лидов. – М: Прогресс-Традиция, 2000. – 750 с.

94. Лиманская, Л Ю. Теория искусства в аспекте культурно-исторического опыта: Исследования по теории и методологии искусствознания [Текст] / Л Ю Лиманская. – М: Изд-во Российск. гуманит. ун-та, 2004. – 223 с.

95. Лихачев, В. Искусство Византии IV-XV веков [Текст] / В Лихачев. – Л: Искусство, 1986. – 308 с.

96. Лосев, А Ф. Эстетика Возрождения [Текст] / А Ф Лосев. – М: Мысль, 1978. – 623 с.

97. Лосев, А Ф. Форма – Стиль – Выражение [Текст] / А Ф Лосев. – М: Мысль, 1995. – 944 с.

98. Лосев, А Ф. Мифология греков и римлян [Текст] / А Ф Лосев. – М:

Мысль, 1996. – 975 с.

99.   Лотман, Ю М. Беседы о русской культуре. Быт и традиции русского дворянства: XVIII – начало XIX века [Текст] / Ю М Лотман. – СПб: Искусство, 1994. – 399 с.

100.   Лотман, Ю М. Избранные статьи в трех томах: статьи по семиотике и топологии культуры [Текст] / Ю М Лотман. – Т. 1. – Таллин: Александра, 1992. – 248 с.

101.   Лотман, Ю М. Каноническое искусство как информационный парадокс [Текст] / Ю М Лотман // Статьи по семиотике культуры и искусства. – СПб: Академический проект, 2002. – С. 314-321. (Мир искусств).

102.   Лотман, Ю М. Место киноискусства в семиотическом механизме культуры [Текст] / Ю М Лотман // Текст и культура. Труды по знаковым системам. – Вып. 18. – Тарту: Тартуский гос. ун-т, 1977. – С. 138-150. (Ученые записки Тартуский гос. ун-та. Вып. 284).

103.   Лотман, Ю М. О семиотическом механизме культуры [Текст] / Ю М Лотман, Б А Успенский // Текст и культура. Труды по знаковым системам. – Вып. 5. – Тарту: Тартуский гос. ун-т, 1971. – С. 144-166. (Ученые записки Тартуский гос. ун-та. Вып. 284).

104.   Лотман, Ю М. Роман А. С. Пушкина «Евгений Онегин»: Комментарий [Текст] / Ю М Лотман. – Л: Просвещение, 1983. – 416 с.

105.   Лотман, Ю М. Семиосфера. Культура и взрыв. Внутри мыслящих миров [Текст] / Ю М Лотман. – СПб: Искусство, 2000. – 704 с.

106.   Лотман, Ю М. Тезисы к проблеме «Искусство в ряду моделирующих систем» [Текст] // Труды по знаковым системам. – Т.3. – Тарту: 1967. – С. 130-154.

107.   Лубашова, Н И. Феномен отечественной кинематографии в социокультурном пространстве России XX в. [Текст] : монография / Н И Лубашова. – Краснодар: Атрии, 2008. – 356 с.

108.   Луман, Н. Реальность массмедиа [Текст] / Н Луман. – М: Праксис,

2005. – 254 с.

109. Любимый цвет китайцев красный и желтый / Китай и китайцы // Мудрость Китая [Электронный ресурс]. – URL: http://kitaia.ru/kitay-i-kitaycy/ljubimyi-cvet-kitaycev (дата обращения 10.10.2013.).

110. Лях, В И. Культурогенез как проблема теории и истории культуры: теоретические основания и реконструкция [Текст] / В И Лях. – Краснодар: 2010. – 256 с.

111. Лях, В И. Организация и технологии научно-исследовательской деятельности: учебная программа и тезаурус основных концептов [Текст] / В И Лях. – Кранодар: 2011. – 140 с.

112. Макаренко, А С. Лекции о воспитании детей. Игра: сочинения в 7 т. [Текст] / А С Макаренко. – Т. 4. – М: Изд-во Академии педагогических наук, 1957. – С. 373-383.

113. Маркарян, Э С. Узловые проблемы теории культурной традиции [Текст] // Советская этнография. – 1981. – №2. – С. 78-96.

114. Мартиндейл, К. Генеральная парадигма эмпирической эстетики [Текст] : пер. с англ. / К Мартиндейл // Творчество в искусстве - искусство творчества: коллекти. монография / науч. ред. Л Дорфман, К Мартиндейл, В Петров и др. – М: Наука; Смысл, 2000. – С. 36-44.

115. Матасова, И М. Стили руководства на государственных и частных предприятиях: общее и особенное [Текст] : дис. канд. соц. наук / И М Матасова. – М: 2009. 188 с.

116. Махлина, С Т. Семиотика культуры и искусства: словарь-справочник в двух книгах [Текст] / С Т Махлина. – Кн.1. – 2-е изд., расш. и испр. – СПб: Композитор, 2003. – 264 с.

117. Махлина, С Т. Семиотика культуры и искусства: словарь-справочник в двух книгах [Текст] / С Т Махлина. – Кн.2. – 2-е изд., расш. и испр. – СПб: Композитор, 2003. – 340 с.

118. МБУ Городской информационный центр // Официальный сайт

администрации Волгограда. Доска почета [Электронный ресурс] URL: http://www.volgadmin.ru/ru/MPCity/Heroes/Default.aspx (дата обращения 05.01.14).

119. Метляева, Т В. Игровая модель формирования имиджа в социокультурном контексте [Текст] : автореф. дис. канд. культурологии / Т В Метляева. – Владивосток, 2009. – 28 с.

120. Мир русской культуры: Энциклопедический справочник [Текст] / рук. авт. колл. д-р ист.наук проф. А Н Мячин. – М: Вече, 1997. – 624 с.

121. Мифы народов мира: энциклопедия в 2-х т. [Текст] / гл. ред. С А Токарев. – Т.1: А-К – М: НИ Большая Российская энциклопедия, 2000. – 672 с.

122. Мифы народов мира: энциклопедия в 2-х т. [Текст] / гл. ред. С А Токарев. – Т.2: К-Я – М: НИ Большая Российская энциклопедия, 2000. – 720 с.

123. Михайлов, А В. Языки культуры [Текст] : учебное пособие / А В Михайлов. – М: Язык русской культуры, 1997. – 909 с.

124. Михайлова, Л И. Социодинамика народной художественной культуры: детерминанты, тенденции, закономерности [Текст] / Л И Михайлова. – М: Вузовская книга, 1999. – 240 с.

125. Можейко, М А. Новейший философский словарь: Социализация [Текст] / А А Грицанов, М А Можейко, Т Г Румянцева. – Минск, Книжный Дом, 2003. – 1280 с.

126. Моль, А. Социодинамика культуры [Текст] / А Моль, В Фукс, М Касслер; пер. с франц., вст. ст., ред. и прим. Б В Бирюкова, Р Х Зарипова, С Н Плотникова. – 2-е изд., стереотип. – М: КомКнига / URSS, 2005. – 416 с.

127. Моль, А. Теория информации и эстетическое восприятие [Текст] / А Моль; пер. с франц. Б А Власова и др. – М: Мир, 1966. – 351 с.

128. Мулляр, Л А. Социально-философские смыслы образа-концепта «успех» [Текст] : дис. д-ра филос. наук : 09.00.11 / Л А Муляр. – Пятигорск, 2012. – 286 с.

129. Науменко, В Е. Юг России: подходы к определению понятия [Текст]

// Культура. Наука. Образование: сб. науч. ст. / отв. ред. И И Горлова; ред. колл. Т В Коваленко, Н Н Мусина. – Краснодар: Краснодарский гос. ун-т к-ры и ис-в, 2010. – С. 124-139. (Ученые записки кафедры теории и ист. к-ры Краснодарского гос. ун-та к-ры и ис-в. Вып. 1).

130. Науменко Виталий // Доска почета [Электронный ресурс]. – URL: http://egorlik100.narod.ru/doska.html (дата обращения: 11.12.2013.).

131. Нгуен Ван Чунг. Социалистическая индустриализация и особенности ее осуществления в Социалистической Республике Вьетнам [Текст] : дис. канд. экон. наук / Нгуен Ван Чунг. – М, 1984. – 144 с.

132. Негосударственная школа «УНА» г.Москва // Доска почета 12-13 [Электронный ресурс]. – URL: http://www.school-una.ru/index.php?id=203 (дата обращения: 12.12.2013.).

133. Нечипуренко, В Н. Ритуал: генезис социального бытования и формирования субъективности [Текст] : автореф. дис. д-ра филос. наук / В Н Нечипуренко. – Ростов н/Д, 2002. – 47 с.

134. Новиков, А И. История русской философии X-XX веков [Текст] / А И Новиков. – СПб: Лань, 1998. – 320 с.

135. Общие положения – Трудовой кодекс РФ (ТК РФ) от 30.12.2001 №197-ФЗ // Консультант Плюс [Электронный ресурс]. – URL: http://www.consultant.ru/popular/tkrf/14_38.html (дата обращения: 12.12.2013.).

136. Огородников, Ю А. Искусство и его роль в социализации человека: социально-философский анализ [Текст] : автореф. дис. д-ра филос. наук / Ю А Огородников. – М, 1996. – 30 с.

137. Основы теории художественной культуры [Текст] : учеб. пособие / под общ. ред. Л М Мосоловой. – СПб: Лань, 2001. – 288 с.

138. Оппенхейм, А. Древняя Месопотамия. Портрет погибшей цивилизации [Текст] / А Оппенхейм. – М: Наука, 1990. – 319 с.

139. Павлов, И В. Организация управления промышленным предприятием в конкурентной среде [Текст] : дис. канд. экон. наук / И В Павлов.

– Ижевск, 2006. – 152 с.

140. Перцев, Е М. Русская лексика в английском газетном тексте: способы передачи национально-культурного компонента :на материалах газеты The Moscow Times [Текст] : дис. канд. филологических наук / Е М Перцев. – М, 2009. – 162 с.

141. Петров, В М. Знаковый статус, информативность и форма [Текст] / В М Петров // Дизайн знаковых систем: психолого-семиотические проблемы – М: ВНИИТЭ ГКНТ СССР, 1984. – С. 78-94. (Труды ВНИИТЭ. Эргономика. Вып. 27).

142. Петров, В М. Количественные методы в искусствознании [Текст] : учеб. пособие для высш. школы / В М Петров. – М: Академический Проект: Фонд «Мир», 2004. – 432 с.

143. Петров, В М. Количественные методы в социологии искусства [Текст] / В М Петров // Теория художественной культуры. – Вып.10 / отв. ред. Н А Хренов. – М: Гос. ин-т искусствознания, 2006. – С. 89-121.

144. Петров, В М. Социальная и культурная динамика: быстротекущие процессы (информационный подход) [Текст] / В М Петров. – СПб: Алетейя, 2008. – 336 с.

145. Пивоев, В М. Философия культуры [Текст] / В М Пивоев. – СПб: Изд-во Юридического института, 2001. – 352 с.

146. Пименова, М В. Эстетическая оценка в древнерусском тексте [Текст] : дис. д-р филологических наук / М В Пименова. – СПб: 2000. – 418 с.

147. Пирожкова, Ю И. Как сделать сайт дружественным для поисковых систем? / Путь к успеху [Электронный ресурс]. URL: http://uchilka-profi.ru/seo/poiskovyie-mashinyi (дата обращения 04.01.14).

148. Платон. Законы [Текст] : сочинения в трех томах / под общ. ред. А Ф Лосев, В Ф Асмус – Т.3. – Ч. 2. – М: Мысль, 1972. – 678 с.

149. Поисковые системы Интернета [Электронный ресурс]. URL: http://search-world.ru/index.html#glav (дата обращения 04.01.14).

150. Поисковые системы Рунета. Наши поисковики / myseotalk.ru [Электронный ресурс] URL: http://www.myseotalk.ru/2009/01/poiskovye-sistemy-runeta-nashi-poiskoviki/ (дата обращения 04.01.14).

151. Полянский, Л Н. Формирование имиджа торговых предприятий [Текст] : дис. канд. экон. наук / Л Н Полянский. – М: 2010. – 148 с.

152. Порохоня, В С. Борьба партии за совершенствование и техническое перевооружение цветной металлургии страны в условиях развитого социализма [Текст] : дис. д-р ист. наук / В С Порохоня. – М: 1984. 432 с.

153. Портрет // Википедия: свободная энциклопедия. 2013. URL: http://ru.wikipedia.org/wiki/Портрет (дата обращения 09.12.2013).

154. Поташник, М М. Как подготовить проект на получение грантов. Методическиое пособие [Текст] / М М Поташник. – М: Педагогическое общество России, 2005. – 192 с.

155. Похилько, А Д. Социокультурная автономность сознания: философско-антропологическое измерение [Текст] : дис. д-ра филос. наук / А Д Похилько. – Ставрополь, 2007. – 351 с.

156. Правила внутреннего трудового распорядка / БСЭ // Яндекс.Словари [Электронный ресурс]. – URL: http://slovari.yandex.ru/~ (дата обращения: 10.12.2013.).

157. Правый – Толковый словарь Даля – Яндекс. Словари: электронный ресурс. 2001-2013. URL: http://slovari.yandex.ru/~книги/Толковый словарь Даля/ПРАВЫЙ/ (дата обращения 10.12.2013).

158. Правый – Толковый словарь Ушакова – Словари – Словопедия: электронный ресурс. 2007-2013 URL: http://www.slovopedia.com/3/207/822808.html (дата обращения 10.12.2013).

159. Прокофьева, А В. Текстообразующие функции фразеологических единиц в поэзии В С Высоцкого [Текст] : дис. канд. филологических наук / А В Прокофьева. – Магнитогорск: 2002. – 294 с.

160. Рейтинг соцсетей / ООО Корреспондент 2000-2014 [Электронный

ресурс] URL: Http://korrespondent.net/business/web/3284321-reitynh-sotssetei-Facebook-pervyi-v-myre-a-vkontakte-v-evrope (дата обращения 01.07.2014)

161. Римский скульптурный портрет / Википедия: свободная энциклопедия [Электронный ресурс]. URL: Http://ru.wikipedia.org/wiki/Риский_портрет (дата обращения: 10.12.2013).

162. Розенберг, Н В. Архитектоника успеха в культуре [Текст] : дис. канд. филос. наук : 24.00.01 / Н В Розенберг. – Тамбов, 2001. – 176 с. : ил.

163. Россман, В. Мистерия центра: идентичность и организация социального пространства в современных и традиционных обществах [Текст] // Вопросы философии. – 2008. – №2. – С. 42-57.

164. Рунет // Википедия: свободная энциклопедия. 2013. URL: http://ru.wikipedia.org/wiki/ (дата обращения 09.12.2013.).

165. Русина, Е В. Бинарные концепты "Glory" и "Disgrace" в американской лингвокультуре: дис. канд. филологических наук [Текст] / Е В Русина. – Волгоград, 2008. – 190 с.

166. Садохин, А П. Межкультурная коммуникация [Текст] /А П Садохин. – М, 2009. – 288 с.

167. Самситова, Л Х. Безэквивалентная лексика башкирского языка: дис. канд. филологических наук [Текст] / Л Х Самситова. – Уфа, 1999. – 158 с.

168. Самые популярные бренд-сообщества Росси / AdMe.ru 2003–2014 [Электронный ресурс] URL: http://www.adme.ru/internet/samye-populyarnye-brend-soobschestva-rossii-274955 (дата обращения 01.07.2014).

169. Сарасенко, Е С. Развитие управления затратами на качество на промышленном предприятии [Текст] : дис. канд. экон. наук / Е С Сарасенко. – Саратов, 2011. – 280 с.

170. Сборник статей под ред. проф. В. Б. Кашкина – М. Ляхтеэнмяки. Лингвофилософская концепция М. М. Бахтина: о двуединой онтологии языка // Теоретическая и прикладная лингвистика. – Выпуск 3, 2002. – Аспекты метакоммуникативной деятельности, 2002-2014 [Электронный ресурс] Url :

http://tpl1999.narod.ru/index/0-48 (дата обращения 21.12.2014).

171. Селезнева Елена Васильевна // ЧОУСОШ Личность / Сайт Солнечный: Доска почета класса [Электронный ресурс]. – URL: http://www.selezneva-lichnost.ru/doska-pocheta/doska-pocheta-klassa.html (дата обращения: 23.12.2013.).

172. Сноу, Ч П. Две культуры [Текст] : пер. с англ. / Ч П Сноу – М: Прогресс, 1973. – 144 с.

173. Соловьева, А Н. Модели концептуализации этнических субкультур в глобально / локальном контексте: дис. д-ра филос. наук [Текст] / А Н Соловьева. – М, 2009. – 319 с.

174. Соколов, А В. Общая теория социальной коммуникации [Текст] : учеб. Пособие / А В Соколов – СПб: Издательство Михайлова В.А., 2002 – 461 с.

175. Сорокин, П А. Человек, цивилизация, общество [Текст] / П А Сорокин; отв. ред., сост., предисл. Ю А Самогонов. – М: Изд-во политической литературы, 1992. – 542 с.

176. Сорокин, П А. Социальная и культурная динамика [Текст] / П А Сорокин; пер. с англ., вст. ст и комментарии В В Сапова. – М: Астрель, 2006. – 1176 с.

177. Соссюр, Ф. Труды по языкознанию [Текст] : пер. с франц / Ф Соссюр – М: Прогресс, 1977. – 695 с.

178. Социализация – БСЭ // Яндекс. Словари [Электронный ресурс]. – URL: Http://slovari.yandex.ru/социализация/БСЭ/Социализация/ (дата обращения: 09.10.2013.).

179. Стахановское движение // Википедия: свободная энциклопедия [Электронный ресурс]. – URL: http://ru.wikipedia.org/wiki/ (дата обращения: 12.10.2013.).

180. Строганова, И В. Управление неформальными коммуникациями как элементом корпоративной культуры [Текст] : дис. канд. соц. наук / И В

Строганова. – Саратов, 2010. – 194 с.

181. Стронг, Анна Луиза – Википедия: свободная энциклопедия [Электронный ресурс]. – URL: http://ru.wikipedia.org/wiki/ (дата обращения: 12.12.2013.).

182. Суртаев, В Я. Игра в пространстве культуры / В Я Суртаев. – СПб: Изд-во СПбГУКИ, 2012. – 416 с.

183. Теория культуры [Текст] : учеб. пособие / под. ред. С Н Иконникова, В П Большаков. – СПб: Питер, 2008. – 592 с.

184. Топ 15 самых популярных страниц на Фейсбуке / Profacebook.ru 2010-2014 [Электронный ресурс] URL: Http://profacebook.ru/top-15-samykh-populyarnykh-stranits-na-feisbuke (дата обращения 01.07.2014).

185. Торосян, В Г. Культурология: История мировой и отечественной культуры [Текст] : учеб. пособие / В Г Торосян; гриф УМО. – М: Владос, 2005. – 735 с.

186. Торосян, В Г. Уроки нравственности как нравственная проблема [Текст] // Культура. Наука. Образование: сб. науч. ст. / отв. ред. И И Горлова; ред. колл. Т В Коваленко, Н Н Мусина. – Краснодар: Краснодарский гос. ун-т к-ры и ис-в, 2010. – С. 98-99. (Ученые записки кафедры теории и ист. к-ры Краснодарского гос. ун-та к-ры и ис-в. Вып. 1).

187. Уайт, Л А. Избранное: Эволюция культуры [Текст] : пер. с англ. / Л А Уайт – М: РОССПЕН, 2004. – 960 с.

188. Управление Внутренних Дел по ЮАО г. Москвы // Доска почета [Электронный ресурс] URL: http://www.uvduao.ru/index.php?file=info&id=632 (дата обращения 05.01.2014.).

189. ФГУП Почта России // Коллектив. Лучшие сотрудники Почты России. Доска почета [Электронный ресурс]. – URL: http://www.russianpost.ru/rp/collective/ru/home/sotrudniki/desk (дата обращения: 09.12.2013.).

190. Федеральный закон: Об общих принципах организации местного

самоуправления в Российской Федерации (Закон о МСУ) № 131-ФЗ, от 06.10.2003 // Консультант Плюс [Электронный ресурс]. – URL: http://www.consultant.ru/popular/selfgovernment/ (дата обращения: 12.12.2013.).

191. Федеральный электронный справочник «Доска почета России» / доска-почета-рф.рф [Электронный ресурс] URL: http://xn-----6kcbri6a5adjpdt5a3b.xn--p1ai/1-glavnaya/ (дата обращения: 12.01.2014.).

192. Феоктистов, Г. Информационная безопасность общества [Текст] / Г Феоктистов // Социально-политический журнал. – 1996. – №5. – С. 211-216.

193. Филатова, М / Звезды Нового Века [Электронный ресурс] URL: http://glory.znv.ru/index.php (дата обращения: 14.01.2014.).

194. Филянова, В Н. Политическая субкультура учащейся молодежи России второй половины XIX века: дис. канд. полит. наук [Текст] / В Н Филянова. – М, 2005. – 187 с.

195. Флиер, А. О новой культурной политике России [Текст] / А Флиер // Общественные науки и современность. – 1994. – №5. – С. 72-87.

196. Флиер, А. Современная культурология: объект, предмет, структура [Текст] / А Флиер // Общественные науки и современность. – 1997. – №2. – С. 124-145.

197. Фрейд, З. Психоанализ. Религия. Культура [Текст] : пер. с англ. / З Фрейд. – М: Ренессанс, 1992. – 569 с.

198. Хейзинга, Й. Осень Средневековья [Текст] : соч. в 3-х тт. / Й Хейзинга – Т.1. – М: Издательская группа Прогресс-Культура, 1995. – 416 с.

199. Хейзинга, Й. Homo ludens. В тени завтрашнего дня [Текст] / Й Хейзинга – М: Издательская группа Прогресс; Прогресс-Академия, 1992. – 464 с.

200. Хоруженко, К М. Культурология. Энциклопедический словарь [Текст] / К М Хоруженко. – Ростов н/Д: Феникс, 1997. – 640 с.

201. Хрестоматия по западной философии: Античность. Средние века. Возрождение [Текст] : учеб. пособие / авт. сост. Л И Яковлева и др. – М:

Астрель; АСТ, 2003. – 800 с.

202. Чень Кайкэ. Конфуцианство и «культура предприятия» в современной Восточной Азии [Текст] : дис. канд. ист. наук / Чень Кайкэ. – М: 2002. – 237 с.

203. Чуприна, В И. Ретроспектива партийно-государственной политики в культурной жизни Советского Союза: 60-80-е годы XX века [Текст] // Культура. Наука. Образование: сб. науч. ст. / отв. ред. И И Горлова; ред. колл. Т В Коваленко, Н Н Мусина. – Краснодар: Краснодарский гос. ун-т к-ры и ис-в, 2010. – С. 53-74. (Ученые записки кафедры теории и ист. к-ры Краснодарского гос. ун-та к-ры и ис-в. Вып. 1).

204. Шишканов, Р А. Резервы улучшения качества фирменного сервисного обслуживания автомобилей: теория, методика, механизм использования [Текст] : дис. канд. экон. наук / Р А Шишканов. – Саратов: 2009. – 191 с.

205. Школа №1 г. Советская Гавань / Доска почета [Электронный ресурс]. – URL: http://school1svg.ucoz.ru/index/doska_pocheta/0-72 (дата обращения: 23.12.2013.).

206. Шпенглер, О. Закат Европы. Очерки мифологии мировой истории [Текст] / О Шпенглер. – М: Мысль, 1998. – 668 с.

207. Эко, У. Имя Розы [Текст] : роман / У Эко. – М: Книжная Палата, 1989. – 486 с.

208. Эко, У. Заметки на полях Имени Розы / philosophy.ru [Электронный ресурс] URL: http://philosophy.ru/library/eco/zametki.html (дата обращения: 12.01.14.).

209. Электронная доска почета Министерства социальной защиты населения Удмуртской Республики // Министерство социальной защиты населения УР официальный сайт 2011-2013 [Электронный ресурс]. – URL: http://minsoc.udmurt.ru/board/ (дата обращения: 20.09.2013.).

210. Ягудаева, И А. Коллективные хозяйства в структуре аграрных

отношений на Ставрополье: процесс создания и динамика развития [Текст] : дис. канд. ист. наук / И А Ягудаева. – Пятигорск: 2011. – 191 с.

211. Якутина, О И. Социальные практики успеха : дискурс повседневности и социально-философское понятие [Текст] : дис. д-ра филос. наук : 09.00.11 / О И Якутина. – Краснодар, 2011. – 383 с.: ил.

212. Ясперс, К. Смысл и назначение истории [Текст] : пер. с нем. / К Ясперс. – М: Политиздат, 1991. – 527 с.

213. Snow, E. Red Star Over China / E Snow, – Read Books: 1937. – 464 p.

214. The Script. Hall Of Fame // Music video by The Script feat. will.i.am performing Hall of Fame. 2012 Sony Music Entertainment UK Limited [Электронный ресурс] URL: Http://www.youtube.com/watch? v=mk48xRzuNvA (дата обращения 14.02.2014); Перевод песен Script // Лингво-лаборатория Амальгама, 2005-2014 [Электронный ресурс] URL: Http://www.amalgama-lab.com/songs/s/script/hall_of_fame.html (дата обращения 14.02.2014).

215. White, L A. The concept of culture [Text] / L A White. – Wash, 1959. – Vol.61. – P 227-251.

Made in the USA
Middletown, DE
04 April 2023

28234293R00066